Das Jüdische
Kochbuch

Besuchen Sie uns im Internet: www.komet-verlag.de

Alle Rechte der Reproduktion, Bearbeitung, Übersetzung oder anderweitige Verwendungen, auch
auszugsweise, weltweit vorbehalten. Dies gilt auch für Mikroverfilmung und für die Verarbeitung mit
elektronischen Systemen.
© 2002 Komet Verlag GmbH, Köln
Idee/Konzept/Design/Inhalt: agilmedien, Köln
Umschlaggestaltung: Peter Mebus für agilmedien, Köln
Satz: Peter Mebus für agilmedien, Köln
Fotos: Paul LeClaire, Köln
Texte: Petra Knorr/Dr. Michael Vonau
Gesamtherstellung: Komet Verlag GmbH, Köln
ISBN 3-89836-228-0

Das Jüdische
Kochbuch

KOMET

Inhalt

Inhalt

Fischmarkt in Haifa

Gemüse 114

Vorwort

Die jüdische Küche – Weltküche in Reinkultur

Selbst über fünfzig Jahre nach der Staatsgründung Israels im Jahr 1948 sind die Tische des Landes immer noch vorwiegend mit Gerichten gedeckt, die Immigranten aus über 80 Ländern und der entsprechenden Vielzahl an regionalen Kochtraditionen im Gepäck hatten. Während in weiten Teilen der Welt immer internationaler gekocht wurde und sich so ein geradezu globaler Standard der haute cuisine erst entwickeln musste, war die Küche Israels ihrem Wesen nach bereits international. Die ehemalige Heimatküche mit all ihren Gerüchen, Geschmackserlebnissen und kochtechnischen Besonderheiten gab den Immigranten ein Stück Geborgenheit und Orientierung in den schweren Jahren der Konsolidierung des jüdischen Staates im früheren biblischen Stammland Palästina. Hier verschmolzen die vielfältigen Kochtraditionen auch wieder mit der eigentlich ursprünglich orientalischen Küche Palästinas. Gerichte wie Humus (Kichererbsenbrei), Tahina (Sesambrei) und die berühmten Falafel, kleine ausgebackene Bällchen aus Bohnen und Kichererbsen, sind Leckereien aus 1001 Nacht, die man im gesamten Nahen Osten und den arabischen Staaten Nordafrikas ebenso schätzt wie in Israel. Das Kochbuch der jüdischen Küche bietet Ihnen also die ganze Fülle einer im wahrsten Sinne des Wortes internationalen Küche.

Menora vor der Knesset in Jerusalem

Eine große Besonderheit der jahrtausendealten jüdischen Kochtradition war es allerdings auch, sich während des Exils von den kulinarischen Gebräuchen in den jeweiligen Gastländern aufgrund der eigenen religiösen Traditionen ein Stück weit abzugrenzen, das eigene Gesetz auch in Fragen der Zubereitung alltäglicher Speisen hochzuhalten. Wie zu Zeiten der biblischen Königreiche Israel galt es im Exil, den religiösen Geboten des Alten Testaments, der Thora und des Talmud zu gehorchen: der Lehre von der koscheren, d. h. reinen Ernährung, wie sie im so genannten Kashrut formuliert wird. Das oberste Gebot lautet hier: Fleisch und Milch dürfen nicht miteinander in Berührung kommen – weder beim Kochen noch beim Essen. Deshalb werden in jeder koscheren Küche Töpfe und Geschirr in „milchig" oder „fleischig" unterschieden. Zwischen Fleischgenuss und dem Verzehr von Milchprodukten müssen außerdem mindestens sechs bis acht Stunden liegen.

Neben der Kashrut gibt es übrigens noch das weitaus strengere so genannte Glatt-Kosher. Hier geht es vor allem um die Unversehrtheit von Schlachtvieh nach dem Gebot im Alten Testament, 2. Buch Mose, 22/30: „Darum sollt ihr kein Fleisch essen, das auf dem Felde von Tieren zerrissen ist." Schon leichteste Verletzungen oder Gewebeveränderungen des Schlachtviehs zwingen den orthodox-jüdischen Fleischbeschauer, das geprüfte Gut als treifa, als unkoscher, auszusondern. Ganz zur Freude übrigens der christlichen Metzger, die nicht ganz so streng sein wollen und gerne jede in der jüdischen Küche verschmähte Rinderlende als Delikatesse übernehmen.

Auch wir wollen in unserem Kochbuch nicht ganz so streng sein. Die Anschaffung von zusätzlichem Geschirr und Töpfen ist nicht unbedingt notwendig, um den nötigen Spaß beim Nachkochen der Rezepte des jüdischen Kochbuches zu genießen.

Es bleibt bewundernswert, wie viele verschiedene Spezialitäten trotz der strengen Kashrut-Regeln zusammen aufgetischt werden dürfen. In israelischen Familien wird normalerweise so gekocht, wie es in den Ursprungsländern üblich war. Und da bei einigen Familien die Partner aus unterschiedlichen Ländern und Kulturkreisen stammen, entstehen auf diese Weise äußerst reizvolle neue Variationen.

Der Einfluss Nordafrikas mit seinen scharfen Gewürzen ist in der israelischen Küche besonders stark spürbar. Und selbst die jemenitische Küche mit ihren vielen wundervollen kleinen Gerichten hat ihre Spuren auf der kulinarischen Landkarte Israels hinterlassen.

Einwanderer aus Russland, Polen und Ungarn brachten viele Rezepte aus ihren Herkunftsländern mit nach Israel und füllten die Speisekammern des Landes mit Piroggen, Paprikagerichten und würzigen Eintöpfen. Indien und Äthiopien spielen im Konzert der jüdischen Gaumenfreuden zwar eher die zweite Geige, aber manch exotisches Gewürz fand auch aus ihren Küchen Eingang in die jüdische.

Die jüdische Küche ist vor allem eine bunte und lebendige Küche und deswegen erfreut sie sich auch international wieder wachsender Beliebtheit. Doch auch früher brauchte sie sich neben anderen berühmten Kochschulen nicht zu verstecken. In den großen Salons jüdischer Kaufleute wurde bereits im 19. Jahrhundert so prachtvoll und delikat getafelt, dass es einen Besucher zu dem Ausruf hinriss:

„Die jüdische Kochkunst steht der französischen Küche in nichts nach."

Heinrich Heine, deutscher Dichter jüdischen Glaubens, Meister der spitzen Feder und gern gesehener Gast in den Salons seiner Zeit, stimmt im dritten Band des „Romanzero" seine „hebräischen Melodien" an. Eine davon schildert ausführlich und nicht immer ganz ernst einen Disput zwischen dem christlichen Klosterbruder Jose und dem Rabbi Juda über den wahren Gottesglauben. Die letzte Waffe im rhetorischen Arsenal des gewitzten Rabbi ist die Küchenkeule. Der alttestamentarische Walfisch Leviathan muss im Glaubenskampf eine wahrhaft koschere Wandlung erfahren:

Des Leviathans 'Länge ist
Hundert Meilen, hat Floßfedern
Groß wie König Ok von Basan,
Und sein Schwanz ist wie ein Zedern.

Doch sein Fleisch ist delikat,
Delikater als Schildkröten,
Und am Tag der Auferstehung
Wird der Herr zu Tische beten.

Alle frommen Auserwählten,
Die Gerechten und die Weisen -
Unsres Herrgotts Lieblingsfisch
Werden sie alsdann verspeisen,

Teils mit weißer Knoblauchbrühe,
Teils auch braun in Wein gesotten,
Mit Gewürzen und Rosinen,
Ungefähr wie Mateloten.

In der weißen Knoblauchbrühe
Schwimmen kleine Schäbchen Rettich -
So bereitet, Frater Jose,
Mundet dir das Fischlein, wett ich!

Auch die braune ist so lecker,
Nämlich die Rosinensauce,
Sie wird himmlisch wohl behagen
Deinem Bäuchlein, Frater Jose.
Was Gott kocht, ist gut gekocht!

In diesem Sinne viel Spaß beim Nachkochen und Genießen der versammelten Köstlichkeiten in diesem jüdischen Kochbuch.

Die jüdische Küche
und ihre Bräuche

„Gott führte Moses in ein Land, darin Bäche, Brunnen und Seen sind, die an den Bergen und in den Auen fließen, ein Land, darin Weizen, Gerste, Weinstöcke, Feigenbäume und Granatäpfel wachsen, ein Land, darin es Ölbäume und Honig gibt." (5. Buch Mose, 8).

Wir erinnern uns: Moses war von Gott ausersehen, das Volk Israel aus der ägyptischen Gefangenschaft in ein Land zu führen, „in dem Milch und Honig fließt" (2. Buch Mose 3/8); das war die große Befreiungshoffnung. Im gelobten Land angekommen, fand das Volk auf der Suche nach Nahrung jene vegetarischen Köstlichkeiten vor, die im obigen Zitat aus dem Alten Testament beschrieben sind. Es gab Getreide, Wein und Feigen, Äpfel und Honig in Hülle und Fülle. Wie aber darf man sich die Ernährung des Volkes Israel vor etwa 3000 Jahren vorstellen? Die Bibel ist eine vorzügliche Quelle auch in dieser Frage. An einem gewöhnlichen Arbeitstag war das

„zweite" Frühstück des einfachen Israeliten gleichzeitig das erste. Am späten Vormittag nahm er etwas Brot getunkt in Olivenöl oder Weinessig zu sich. Hinzu kamen geröstete Getreidekörner, Oliven, Feigen oder andere Früchte und als Getränk einfaches Wasser oder verdünnter Wein (Ruth 2/14). Überhaupt war das Brot das Hauptnahrungsmittel weiterer Bevölkerungskreise. Der Prophet Ezechiel teilt ein Brotrezept aus jener Zeit mit: „Nimm dir aber Weizen, Gerste, Bohnen, Linsen, Hirse und Dinkel und tu alles in ein Gefäß und mache dir Brot daraus." (Ezechiel 4/9). Gebacken wurde auf heißen, mit glühender Kohle bedeckten Steinen, in der Pfanne oder in einem kleinen Ofen, der mit Ästen befeuert wurde. Da Israel zu jener Zeit den Ackerbau nur zur Gewinnung von Getreide kannte, war die weitere Ernährung von dem abhängig, was man in der freien Natur vorfand. So gab es kein Gemüse, aber dafür reichlich wilden Knoblauch und Zwiebeln, als Gewürze

Gegensätzliche Auslagen in den Schaufenstern in Tel Aviv

dienten wilder Koriander, Minze, Ysop, Malve und Thymian. Die Vogeleier waren eine begehrte Delikatesse und ansonsten gab es reichlich Milchprodukte aus der florierenden Viehzucht des Landes: Käse, Butter und Milch.

Die zweite Mahlzeit des Tages nahm man vor Einbruch der Dunkelheit zu sich. Hier gab es eine Suppe oder Eintopf aus gewürzten Hülsenfrüchten, die mit Brot ausgetunkt wurde. Ganz anders sah es bei den begüterten Bürgern Israels und besonders beim Adel des Landes aus. Legendär ist der Luxus am Hofe des Königs Salomo: „Und Salomo musste täglich zur Speisung haben dreißig Sack feinstes Mehl, sechzig Sack anderes Mehl, zehn gemästete Rinder von der Weide und hundert Schafe, ohne die Hirsche und Gazellen und Rehe und das gemästete Federvieh" (1. Buch der Könige 5/2–3). In

der Regierungszeit dieses mächtigen Herrschers musste Israel erstmals Lebensmittel importieren, da die Landesproduktion dem üppigen Verbrauch des Hofes nicht mehr gewachsen war. So bezog man Rinder aus dem Ostjordanland und gemästete Enten aus dem ehemaligen Heimatland der Königin: Ägypten.

Der Königin von Saba wiederum verschlägt es geradezu den Atem, als sie den Luxus am Hof Salomos erblickt: „Als aber die Königin von Saba alle Weisheit Salomos sah und das Haus, das er erbaut hatte, und die Speisen für seinen Tisch und die Rangordnung seines Adels und das Aufwarten seiner Diener und ihre Kleider und seine Mundschenke und seine Brandopfer, die er im Tempel opferte, geriet sie vor Staunen außer sich." (1. Buch der Könige 10/4–5)

Hätte die Königin von Saba dem modernen Staat Israel in den Jahren nach der Staatsgründung einen Besuch abgestattet, wäre ihr Urteil wahrscheinlich nicht ganz so begeistert ausgefallen. In den 50er- und 60er-Jahren des 20. Jahrhunderts hätte sie im gelobten Land die Qual der Wahl gehabt: Hähnchen oder Orangen, oder Orangen und Hähnchen. Die landwirtschaftliche Erschließung Israels gegen alle Widrigkeiten des Klimas und der Bodenbeschaffenheit dauerte viele Jahre, und so war zunächst einmal Schmalhans Küchenmeister. Erst in den 70er-Jahren schloss das Land langsam wieder zu den Qualitätsstandards der westlichen Welt auf, und heute kann man die Küche und Nahrungsmittelproduktion in Israel ohne große Einschränkungen als exquisit bezeichnen.

Es werden zum Beispiel Ziegen- und Schafskäse von solcher Güte produziert, dass sie sogar im Käseparadies Frankreich reißenden Absatz finden. Die Produktion dieser Delikatessen ist im wahrsten Sinne des Wortes ursprünglich. Ziegen und Schafe finden in den gebirgigen Zonen, wo kaum Weidegras wächst und auch das Wasser rar ist, immer noch genügend Nahrung, um hervorragende Milch zu liefern. So produzieren heute an die zwanzig Käsereien exquisite Käseprodukte, die den großen Sorten aus den Pyrenäen und der Provence in nichts nachstehen. Die bekanntesten aus einer großen Fülle von Sorten sind Brinza, Feta, Kashkeval, Gwina Zfatit und Lebbene. Von weich bis hart, von süß bis pikant, von salzig bis zart schmelzend, von Magerstufe bis vollfett ist alles im Angebot. Nicht nur Frankreich ist ein großer Abnehmer, auch die gesamte Mittelmeerregion, Griechenland, Spanien, Italien und selbst Deutschland genießen israelische Käseprodukte mit wachsender Begeisterung.

Der Olivenbaum –
ein Symbol des Friedens

Der Olivenbaum stellt an Symbolkraft und vielfältigen Nutzungsmöglichkeiten alle anderen Bäume in den Schatten, obwohl er mit kaum 20 Metern Höhe nicht einmal zu den Giganten seiner Gattung zählt.

Die Olive ist eine der ältesten Nahrungsmittel neben Getreide und Wein. Mehr als 6000 Jahre lang begleitet sie die Geschichte der Menschheit. Ölbäume sind außerdem unglaublich alt, man hat selbst Versteinerungen aus der Tertiärzeit (über 1,5 Millionen Jahre) gefunden.

Da der Olivenbaum recht problemlos auf den sandigen, steinigen Böden des gesamten Mittelmeerraumes gedeiht, wurde sein Nutzen früh erkannt. Wer einen Olivenhain sein eigen nannte, konnte gut davon leben, denn die Früchte des Baumes ließen sich vielseitig verwerten.

Ein gut situierter Bürger der Antike verbrauchte etwa 55 Liter Olivenöl im Jahr: 30 Liter dienten der Körperpflege, 20 Liter der Nahrung, ein halber Liter wurde als Medizin eingenommen und drei Liter erhellten die Räume.

Überall finden sich Zeugnisse der hohen praktischen und symbolischen Bedeutung des Ölbaums in der antiken Welt: In der Bibel, in der griechischen Mythologie und selbst im Sport. „Olympia" heißt das Zauberwort. Die antiken Sporthelden gaben sich bei der Siegerehrung nicht etwa nur mit einem Olivenzweig zufrieden. Bei einem Sieg zum Beispiel im Wagenrennen mit drei Pferden im Gespann erhielt der Gewinner 140 Amphoren mit Olivenöl. Diese Menge entspricht ungefähr 3500 Litern Öl, wenn man von einem Amphoreninhalt von 25 Litern ausgeht, und das ist sehr wahrscheinlich. Archäologische Funde auf gesunkenen Schiffen gaben ein ziemlich genaues Bild einer Schiffsladung Olivenöl. Es wurde in Amphoren mit je 25 Litern Inhalt transportiert. Folglich war ein Olympionike nach seinem Sieg ein gemachter Mann, denn Öl galt als regelrechte Währung, da es eine heiß begehrte Ware war.

Auch heutzutage wird Olivenöl nicht nur zum Kochen und Braten verwendet, es ist so rundum gesund, dass es fast als Medizin durchgeht. Die Gefahr von Herz- und Kreislauferkrankungen wird durch die einfach ungesättigte Fettsäure verringert, weil diese den Cholesterinspiegel günstig beeinflusst.

Obwohl Olivenöl seit biblischen Zeiten in Israel produziert wird, war es lange nicht von besonders guter Qualität. Wenn im eigenen Haushalt keine Olivenölpresse vorhanden war und man auf gekauftes Öl zurückgreifen musste, konnte man ein Desaster erleben. Die Öle waren überwiegend sehr säurehaltig, bitter und hinterließen einen unangenehm fettigen Geschmack auf der Zunge. Aber heute ist der Qualitätsstandard mit dem anderer Olivenöl produzierender Länder zu vergleichen. Wie auch das italienische wird israelisches Olivenöl in den Qualitäten Extra Virgin, Virgin oder Kaltgepresst hergestellt. Besonders kleine und unabhängige private Ölpressen gaben den Anstoß zur Qualitätsoffensive in Sachen Olivenöl. Man wollte sich den verwässerten Standards der Großhersteller nicht mehr beugen, und so stehen der europäische und amerikanische Markt heute den goldgrünen Spezialitäten aus israelischen Pressen offen.

Die Bibel –
das koschere Kochbuch

„Die Speisegesetze erziehen uns dazu, unsere Lust zu meistern."

(Moses Maimonides, 1135–1204)

Die Worte des jüdischen Rabbis, Arztes und Philosophen Maimonides zeigen, dass Essen und insbesondere Kochen im Judentum eine durchaus strenge Angelegenheit sein können. Diese Tatsache soll Ihnen allerdings nicht die Lust zum Weiterlesen, geschweige denn zum Nachkochen und genussvollen Essen der Gerichte dieses Kochbuches nehmen. Es ist allerdings wichtig, die Grundzüge der jüdischen Speisegesetze kennen zu lernen, will man die Rezepte im jüdischen Kochbuch gerade in der Auswahl der Zutaten ganz verstehen. Auch für den Fall, dass man gläubige Juden zu Tisch bittet, die zu Recht auf ein koscheres Essen bestehen können, sind die folgenden Ausführungen mehr als hilfreich.

Das jiddische Wort koscher ist den meisten geläufig, nur wenige Nichtjuden wissen aber, was es genau bedeutet.

Umgangssprachlich steht es für „in Ordnung", oder „einwandfrei", auch „tauglich", „passend", vor allem aber „rituell rein".

DIE KOSCHERE AUSWAHL VON FLEISCHGERICHTEN

Ihre Speisegesetze leiten die Juden bis heute aus der Bibel (3. Buch Mose, 11), dem Talmud und dem rabbinischen Schrifttum ab. Die Vorschriften beziehen sich nur auf tierische Produkte. Liest man den Abschnitt im 3. Buch Mose genau, so stellt man fest, dass bis heute ganz klar zu definieren ist, welche Tiere zum Verzehr geeignet

sind. Auch damals noch unbekannte und zoologisch nicht kategorisierte Tierarten sind im Nachhinein mehr oder weniger einfach zuzuordnen. Nimmt man zum Beispiel Säugetiere, so steht geschrieben: Es dürfen nur solche verzehrt werden, die gleichzeitig Wiederkäuer und Paarhufer sind, womit das Schwein sofort ausscheidet, aber auch das Kamel nicht in Betracht kommt, weil es zwar wiederkäut, aber keine gespaltenen Hufe hat.

Bei den Vögeln werden in der Hauptsache Raubvögel als rituell unrein genannt. Auch hier gilt, dass die Eier von nicht koscheren Vögeln ebenfalls unrein sind. Beim Geflügel gilt der Strauß als unrein. Unter den Meeres- und Flussbewohnern ist nur das koscher, was Schuppen und Flossen hat. Beliebte Schalentiere wie Auster, Muschel, Hummer und Languste fallen leider nicht unter diese Bestimmung und gelten als unkoscher. Der Stör, Lieferant für köstlichen Kaviar, besitzt keine Schuppen, sondern Platten und ist somit – wie auch Kaviar – nicht koscher. Insekten, Würmer und alles Kriechende soll nach der Regel im 3. Buch Mose ebenfalls ein Gräuel sein und verschwindet somit vom Speiseplan des gläubigen Juden.

Die weitreichendste Vorschrift von allen aber lautet: „Du sollst ein Böckchen nicht in der Milch seiner Mutter kochen" (2. Buch Mose, 23/19). Die Thora verbietet es im Anschluss an dieses Zitat, Milch mit Fleisch zusammen zuzubereiten und zusammen zu verzehren. Mit „milchig" bezeichnet die Thora alle Nahrungsmittel, die in irgendeiner Form Milchprodukte enthalten, mit „fleischig" alle Nahrungsmittel, die in irgendeiner Form Fleischprodukte enthalten.

DIE KOSCHERE VERARBEITUNG VON FLEISCH

Hat man sich nach langem Studium der einschlägigen Gesetze das richtige Tier zum Verzehr ausgesucht, dann folgt Phase zwei in der koscheren Gesetzgebung. Es muss rituell geschlachtet, genauer gesagt geschächtet werden.

Diese ursprüngliche Form des Schlachtens hat den Sinn, das Tier frei von jeglichen Blutresten zu halten, die von gläubigen Juden nicht verzehrt werden dürfen. Zurück geht diese Vorschrift auf die Vorstellung, dass Blut die Bedingung allen Lebens ist und dass allein Gott dieses Leben regieren kann.

Die zentrale Stelle im Alten Testament steht im 3. Buch Mose (7/26): „Ihr sollt auch kein Blut essen, weder vom Vieh noch von Vögeln, überall wo ihr wohnt." So wurde in biblischen Zeiten das Blut geschlachteter Tiere zusammen mit Magen, Nieren und tierischen Fetten auf dem Altar zu Ehren Gottes geopfert, für den Gläubigen blieb und bleibt es tabu.

Auf das Schächten folgt die genaue Untersuchung des geschlachteten Tieres. Wird eine Erkrankung oder nur eine schwere Verletzung festgestellt, so ist es nicht mehr koscher. In diesem Fall muss das Tier verbrannt werden. Nach der bestandenen Fleischbeschau wird das Fleisch gestempelt und darf zum Verkauf bereitgelegt werden.

KOSCHER KOCHEN
ZU HAUSE

Koch oder Köchin benötigt allerdings noch weitere vier Arbeitsgänge, damit es wirklich koscher zugeht. Zuerst wird das Fleisch für 30 Minuten in kaltes Wasser gelegt, dann wird es gründlich gewaschen und muss nun anschließend abtropfen. Es wird kräftig mit Salz abgerieben und erneut abgewaschen, um die letzten Blut- und Salzreste zu entfernen. Das Fleisch verliert durch die aufwändige Prozedur zwar etwas an Geschmack, anders lassen sich die Vorschriften des Kashrut aber nicht befolgen. Ähnlich verfährt man mit Geflügel. Es wird am Brustbein aufgeschnitten und ebenfalls mit Salz ausgewaschen.

Viele jüdische Gelehrte streiten sich auch heute noch verstärkt über den Sinn der Speisegesetze. Vom hygienisch-medizinischen Standpunkt aus betrachtet, sind viele Vorschriften von großem Nutzen, wenn auch nicht im Sinne des Tierschutzes. Es gibt aber durchaus Richtlinien, die dem unvoreingenommenen Betrachter als unsinnig erscheinen. Weise Rabbiner argumentieren gerne damit, dass es im Judentum eben Gesetze gibt, die anscheinend nur geschaffen wurden, um eine vollkommene Unterwerfung vor Gott zu symbolisieren.

Die Speisegesetze kann man sicherlich teilweise dieser Sparte zuordnen. Ganz gewiss stellen die Regeln der Kashrut auch Abgrenzungsmerkmale zu anderen Völkern und Kulturen dar. Ganz offensichtlich hat die Einhaltung der Speisegesetze der Juden im Exil dazu beigetragen, ihre Gemeinschaft und ihr Zusammengehörigkeitsgefühl auch in schwersten Zeiten zu bewahren. Neben Fleischigem und Milchigem gibt es noch Speisen die „parve", das heißt, die weder milchig noch fleischig sind. Sie dürfen zusammen mit Milch oder Fleisch verzehrt werden. Fisch, Obst und Gemüse sind in ihrer Grundsubstanz „parve" und dürfen in Verbindung mit Milch

oder Fleisch genossen werden. Dies gilt beispiels-
weise auch für Pflanzenmargarine, sofern sie
nicht zur Leicht- oder Light-Gruppe gehört,
denn zur Herstellung dieser fettreduzierten
Produkte werden nicht koschere Substanzen verwendet.

Beim Brot gilt: Ist Brot vom jüdischen Bäcker
nicht erhältlich, dann ist es auch erlaubt, Brot von
Nichtjuden zu kaufen und zu verspeisen. Es muss
allerdings sichergestellt sein, dass es kein tierisches
Fett sowie Fischöl, Butter, Milch oder Milch-
pulver enthält. Auch die Backbleche dürfen nicht
mit unkoscherem (trefe) Fett zum Ausbacken
bestrichen sein.

Um die Berührung von Fleischigem und Milchigem zu vermeiden, gibt es eine ganze Reihe
von Vorsichtsmaßnahmen die man ergreifen
kann, wenn man koscher leben möchte. Man
braucht:

- Zwei verschiedene Arten von Geschirr, Besteck und Kochgeräten.
- Eine Sorte Geschirr für die Zubereitung von
  Fleischigem.
- Eine Sorte Geschirr für Nahrung mit Milch.
- Zwei verschiedene Spülen oder getrennte
  Becken, wobei keine Wasserspritzer das jeweils
  andere Becken erreichen dürfen. Sollte man
  über eine Küche mit nur einem Spülbecken
  verfügen, so kann man zwei Kunststoff-
  schüsseln von ausreichender Größe benutzen
  und darin Besteck und Geschirr getrennt spülen.
- Besitzt man nur eine Spülmaschine, so darf
  immer nur entweder Fleischiges oder Milchiges gespült werden.
- Nach jeder Arbeit oder nach jeder Berührung
  mit Milchigem oder Fleischigem müssen
  gründlich die Hände gewaschen werden,
  bevor man mit der anderen Art von
  Nahrungsmitteln in Kontakt kommt.
- In der Regel besitzt man nur einen Kochherd

Der Felsendom

und Backofen. Dieser muss gründlich gesäubert werden und mindestens 20 Minuten bei starker Hitze ausbacken, bevor man ihn für Milchiges nach Fleischigem oder umgekehrt benutzen will.

- Eine Mikrowelle muss ebenfalls ausgewaschen werden und ein mit Wasser gefülltes Gefäß in ihr verdampfen, bevor sie für die andere Art benutzt werden darf.

- Tischdecken dürfen nicht für die unterschiedlichen Mahlzeiten benutzt werden.
- Separate Spül- und Trockentücher soll es für jede Art von Speisen geben.
- Salz und Zucker dürfen nicht unbedeckt auf dem Tisch stehen.
- Brot darf nie mit milchigen oder fleischigen Händen gebrochen werden. Darum steht bei jeder Mahlzeit frisches, neu angeschnittenes Brot auf dem Tisch.

Da es nicht erlaubt ist, Fleischiges mit Milchigem gemeinsam zu verspeisen, muss zwischen den einzelnen Mahlzeiten eine gewisse Zeit liegen. Nach dem Genuss von Fleisch darf man sechs Stunden keine milchigen Speisen zu sich nehmen. Danach müssen die Zähne gründlich gereinigt werden, um Fleischspeisereste zu entfernen. Nach dem Genuss von Milchigem müssen wenigstens 30 Minuten verstreichen, bis wieder Fleischiges gegessen werden darf.

Im Klartext bedeutet dies den Verzicht auf Rahmsoßen zu Fleischgerichten, mit Käse überbackenem Fleisch, Käseplatten und sogar auf Milch im Kaffee nach einer Fleischmahlzeit. Besonders bei Desserts müssen sich die jüdischen Köchinnen und Köche viel einfallen lassen, um eine cremige Nachspeise oder ein Eis ohne Sahne und Milch koscher zu zaubern und ihre Familien und Gäste damit begeistern zu können.

DIE KOSCHERE HOCHKÜCHE – NICHT NUR AN FESTTAGEN

Glaubt man jetzt, mit der Trennung der Speisen und der doppelten Geschirr- und Besteckhaltung sei es getan, irrt man gewaltig. Ein koscherer Haushalt braucht noch eine weitere Doppelgarnitur für die Küche, also alle Teile vierfach. In der Pessach-Woche (das weltweit bekannteste jüdische Fest wird um die Osterzeit gefeiert) darf nichts Gesäuertes auf den Tisch kommen, auch

die Berührung mit den Tellern, Töpfen, Messern und Gabeln des restlichen Jahres ist verboten. Und darum kommt ein spezielles Pessach-Geschirr auf den Tisch.

Auch für den Sabbat oder Schabbad gibt es eine ganze Reihe Vorschriften. Er beginnt am Freitag bei Sonnenuntergang und endet eine Stunde nach Sonnenuntergang. Man zündet die Hawdala-Kerze an – die erste Tat nach Ende des Sabbat. Sie symbolisiert den ersten Akt der Schöpfung: „Es werde Licht." Mit den Worten „Schawua tow" – gute Woche – endet der Sabbat und die neue Woche beginnt.

Während des Sabbat darf nicht gearbeitet werden. Das heißt, dass kein Feuer im Ofen entfacht und darauf gekocht werden darf. Daraus resultieren einige schmackhafte kalte Gerichte und Speisen, die auf kleinster Flamme über Stunden geköchelt erst ihr wunderbares Aroma entfalten.

- Der Tscholent, meist aus Kartoffeln, Bohnen und Fleisch zubereitet.
- Der Kugel, meist aus Nudeln und Obst gekocht.
- Der Zimmes, ein süßer Auflauf, der es in sich hat.

Die jüdische Küche ist sehr stark international geprägt. Ihre Einflüsse reichen von Marokko bis Russland und vom Jemen bis Rumänien. Darum kann man die drei oben angegebenen Speisen nicht als die einzigen Sabbatspeisen bezeichnen. Zwar wird in israelischen Familien so gekocht, wie es in ihren Ursprungsländern üblich war. Aber da bei einigen Familien die Partner aus unterschiedlichen Ländern und Kulturkreisen kommen, entstehen auf diese Weise reizvolle Variationen.

Die Küche Nordafrikas macht sich mit ihren scharfen Gewürzen, vor allem mit marokkanischen Gewürzzubereitungen, in der israelischen Küche stark bemerkbar. Gleiches gilt für die jemenitische Küche mit ihren vielen kleinen Speisen, ähnlich der griechischen Vorspeisenpalette, die man unbedingt kosten sollte. Es kommt noch der osteuropäische Einfluss mit russischer, polnischer und rumänischer Küche hinzu.

Und mit dem neuen Qualitätsbewusstsein der jungen israelischen Küche kochen die Menschen so, wie es die klimatischen Verhältnisse zulassen. Dies bedeutet, dass man vor allem jahreszeitlich angepasst kocht.

Mittelmeer

Ägypten

Syrien

Golanhöhen

See Tibria
Genezareth

Haifa

Karmelgebirge

Jordan

Petah Tiqwa

affa

Ramat Gan

Samaria

Holon

Amman

Jerusalem

Bethlehem

Totes Meer

Judäa

Beershaba

srael

Jordanien

Negev

Vorspeisen

Vorspeisen

Die jüdische Vorspeisenküche ist ebenso traditionell wie international: Ob Reisende oder Exilanten, ob Händler oder Krieger, alle brachten auf ihrem Weg ins gelobte Land Speisen und Gewürze ihres Ursprungslandes mit. Viele Gerichte und Zubereitungsarten haben eine neue Heimat fern der alten gefunden und bereichern heute die moderne Küche Israels. Wenn es je ein Weltbürgertum gegeben hat, dann repräsentierte es das jüdische Volk von jeher und das kann man auch schmecken. Die weit gereiste jüdische Küche besticht durch atemberaubende Kreationen und weckt die Neugier selbst des Weltenbummlers.

Genießen Sie einen leichten Wein zu den köstlichen Vorspeisen, denn der passt immer.

Schwarze Oliven mit Sardellencreme

FÜR 4 PERSONEN

100 g Sardellenfilets in Olivenöl
2 hart gekochte Eigelb
500 g große entsteinte schwarze Oliven
2 El weißer Balsamico-Essig
4 El natives Olivenöl
1 Tl getrockneter Estragon
schwarzer Pfeffer aus der Mühle
2 gehackte Knoblauchzehen

Die Sardellenfilets mit dem Eigelb pürieren und in die Oliven füllen.

Die Oliven in eine tiefe Schale legen. Essig, Öl, Kräuter, Pfeffer und Knoblauch mischen und über die gefüllten Oliven gießen. Mit Folie abdecken und über Nacht im Kühlschrank marinieren lassen.

Gefüllte Weinblätter

500 g fertig eingelegte Weinblätter
50 g Backpflaumen
50 g eingelegte, entkernte Sauerkirschen
50 g Rosinen
250 g Rinderhackfleisch
100 g Reis
3 El fein gewiegte Petersilie
1 Prise gemahlener Safran
1 El frisch gehackte Minzeblättchen
schwarzer Pfeffer aus der Mühle
Salz
2 unbehandelte, in Scheiben geschnittene Zitronen
125 ml natives Olivenöl
2 Tassen Wasser

Die Weinblätter ca. 6 Stunden in kaltes Wasser legen. Danach zwischen Küchenpapier gründlich trockentupfen und auf der Arbeitsfläche mit der Unterseite nach oben ausbreiten und die Stiele abschneiden.

Die Backpflaumen, Kirschen und Rosinen grob hacken und mit Hackfleisch, Reis, Petersilie und den anderen Gewürzen mischen.

Auf jedes Weinblatt einen gefüllten Esslöffel der Masse setzen. Beim Einrollen nach der ersten Umdrehung die seitlichen Blattränder nach innen schlagen, die gefüllten Weinblätter sollten ca. 5 cm lang sein.

Die Hälfte der Zitronenscheiben auf den Boden einer Pfanne legen und die gerollten Weinblätter darauf setzen. Mit den restlichen Zitronenscheiben belegen. Das Olivenöl und zwei Tassen Wasser angießen. Den Deckel auflegen und bei mittlerer Hitze 1 Stunde köcheln lassen.

Die gefüllten Weinblätter ohne die Zitronen auf einer Platte anrichten und mit dem Dünstsaft übergießen. Gut durchgekühlt servieren.

Eichblattsalat mit Orangenschnitzen und Datteln

1 Eichblattsalat
Saft von 1/2 Zitrone
60 ml Orangensaft
etwas weißer Pfeffer aus der Mühle
15 g Zucker
2 Tropfen Orangenblütenessenz
Filets von 3 Orangen
100 g gehackte frische Datteln
50 g geröstete Mandelblättchen

Den Salat gut waschen, trockenschleudern und in mundgerechte Stücke zupfen. Aus Zitronensaft, Orangensaft, Pfeffer, Zucker und Orangenessenz ein Dressing rühren. Den Salat auf Tellern anrichten und mit der Soße beträufeln. Mit den Orangenfilets belegen, die gehackten Datteln und die gerösteten Mandelblättchen darüber streuen.

Koscherer Kaviar

FÜR 4 PERSONEN

*500 g frischer Rogen (Fischeier) vom Hecht, Lachs
oder Karpfen
1 El grobes Meersalz
125 ml weißer Balsamico-Essig
125 ml Olivenöl
3 zerdrückte Knoblauchzehen*

Den Rogen mit Salz bestreut im Kühlschrank ca. 8 Stunden ziehen lassen. Den Rogen abspülen und das Häutchen, mit dem der Rogen umschlossen ist, zerreißen. Mit einer Gabel die Fischeier auskratzen, in eine Schüssel füllen und zerdrücken. Essig, Öl und Knoblauch unterrühren. Es entsteht eine dicke cremige Paste. Mit frischem knusprigem Weißbrot und einem Glas kühlem Wein genossen, ist dies eine kleine Köstlichkeit.

Gehackte Geflügelleber

FÜR 4 PERSONEN

*250 g Putenleber
250 g Gänseleber
3 El neutrales Speiseöl zum Braten
3 hart gekochte Eier
2 Zwiebeln
schwarzer Pfeffer aus der Mühle
Salz
(ideal wäre Geflügelschmalz mit Grieben)*

Die Lebern putzen und im Öl nicht zu scharf anbraten. Die Hitze reduzieren und ca. 20 Minuten mehr dünsten als braten.
Die Lebern, die Eier und die Zwiebeln fein hacken und mit Pfeffer und Salz würzen, es sollte eine körnige Masse entstehen.
Auf frischem, kräftigem Brot mit einem klaren Schnaps eine wunderbare Mahlzeit.

Auberginen-Kaviar

FÜR 4 PERSONEN

500 g Auberginen
3 zerdrückte Knoblauchzehen
Saft von $^1/_2$ Zitrone
5 El Olivenöl
schwarzer Pfeffer aus der Mühle
Salz
1 Prise Piment
3 Lauchzwiebeln
1 Bund fein geschnittener Schnittlauch
4 Zweige fein gewiegter Dill

Die Auberginen oben und unten mit einer Gabel anstechen und in der Schale im Backofen bei 225 °C ca. 45 Minuten backen, bis die Haut ganz faltig und trocken ist.

Die Auberginen in Hälften schneiden, mit einem Löffel das Fleisch auskratzen und zusammen mit dem Knoblauch durch ein feines Sieb streichen. Sofort mit Zitronensaft verrühren, damit die Masse nicht braun wird. Olivenöl unterziehen und mit Pfeffer, Salz und Piment abschmecken. Fein geschnittene Lauchzwiebeln, Schnittlauch und Dill über das Püree streuen. Knuspriges Weißbrot schmeckt am besten dazu.

Marinierte Pilze

FÜR 4 PERSONEN

4 El natives Olivenöl
Saft von $^1/_2$ Zitrone
1 fein gehackte Knoblauchzehe
2 Tl Senfpulver
2 Tl Salz
viel schwarzer Pfeffer aus der Mühle
Rosenpaprika
Oregano
3 El fein gehackter Schnittlauch
3 El fein gehackte Petersilie
200 g frische gemischte Pilze
(Champignons, Pfifferlinge)
1 Kopfsalat

Vom Kopfsalat schöne große Blätter lösen, waschen und trockentupfen. Salatblätter auf Tellern anrichten und mit den marinierten Pilzen belegen.

Aus allen Zutaten bis auf den Salat und die Pilze eine Marinade rühren. Die Pilze feinblättrig schneiden und unter die Marinade heben. Alle Pilze müssen mit der Marinade bedeckt sein. Für 2–3 Stunden in den Kühlschrank stellen und gelegentlich umrühren.

Gerösteter Knoblauch mit Schafskäse

FÜR 4 PERSONEN

16 ganze Knoblauchknollen
50 g Butter
weißer Pfeffer aus der Mühle
250 ml trockener Weißwein
250 ml Gemüsebrühe
200 g Crème fraîche
500 g halbweicher Schafskäse
5 fein gehackte Lauchzwiebeln
16 Schnitten kräftiges Brot
Olivenöl für die Form

Die äußere Knoblauchhaut entfernen. Mit einem scharfen Messer die obere Spitze der Knolle quer abschneiden, so dass ein wenig vom Fruchtfleisch sichtbar wird. Die Knollen mit der Wurzel nach unten in eine gefettete Auflaufform setzen. Auf jede Knoblauchknolle kommt etwas Butter und Pfeffer aus der Mühle. Den Weißwein und die Brühe angießen, mit Alufolie abdecken und bei 180 °C im vorgeheizten Backofen für 45 Minuten backen. Die Folie abheben und weitere 20 Minuten backen lassen. Von der Crème fraîche 3–4 El abnehmen und den Rest mit dem Käse zu einer weichen Paste verrühren. Die Lauchzwiebeln unterheben und alles gut mischen. Die Käsemischung auf die Brotscheiben streichen, das Knoblauchfleisch mit einer Gabel ausstreichen und ebenfalls auf das Käsebrot geben.
Diese Vorspeise ist ein kräftiger Genuss, zu dem ein Rotwein hervorragend passt.

Gebratener Ziegenkäse

FÜR 4 PERSONEN

80 ml Olivenöl
2 in Streifen geschnittene Knoblauchzehen
150 g Ziegenkäse
(Kasseri oder ein anderer harter, salziger Ziegenkäse)
1 Eiweiß
5 El Semmelbrösel (Mazzenbrösel)
1 geviertelte unbehandelte Zitrone

Das Olivenöl erhitzen und den Knoblauch zugeben und dünsten. Wenn er zu bräunen beginnt, mit einem Schaumlöffel wieder herausheben.

Den Käse in ca. 5 cm lange und 1 cm dicke Streifen schneiden. Das Eiweiß leicht aufschlagen und die Käsestreifen darin wenden. Im Semmelmehl wälzen und im Olivenöl ausbacken.

Heiß mit Zitronenvierteln servieren.

Linsen mit Spinat und Zitrone

FÜR 4 PERSONEN

250 g Linsen
60 ml Olivenöl
1 große Zwiebel, in feine Ringe geschnitten
2 El frisches gehacktes Korianderkraut
2 El fein gewiegte Petersilie
2 Lorbeerblätter
4 fein gehackte Knoblauchzehen
300 g Blattspinat
300 g Kartoffeln
schwarzer Pfeffer aus der Mühle
Salz
Saft von ¹/₂ Zitrone

Die Linsen waschen und in einen Topf geben. Knapp mit Wasser bedeckt ca. 25 Minuten köcheln lassen.

In einer Kasserolle das Öl erhitzen und die Zwiebel darin bräunen. Koriander, Petersilie, Lorbeerblatt und Knoblauch zugeben und gut mischen.

Den Spinat gründlich waschen und verlesen, nass in einen erhitzten Topf geben und zusammenfallen lassen. Kartoffeln schälen, in Scheiben schneiden und mit den Linsen und dem Linsenkochwasser zum Spinat geben. Es muss alles mit der Flüssigkeit bedeckt sein. Mit Pfeffer und Salz würzen und einmal aufkochen. Auf kleiner Flamme für ca. 1 Stunde weiterköcheln lassen. Die Mischung sollte eine sämige Konsistenz bekommen. Nochmals abschmecken und den Zitronensaft unterrühren.

Abkühlen lassen und lauwarm servieren.

Scharfe Hühnerflügel

FÜR 4 PERSONEN

2 kg Hühnerflügel
5 gehackte Zwiebeln
250 ml Sojasoße
200 g Zucker
1 Tl Zimt
1 Tl gemahlene Nelken
1 gute Prise Piment
weißer Pfeffer aus der Mühle
1 Tl gehackter frischer Ingwer
Olivenöl für die Form

Hühnerflügel waschen, trockentupfen und die Spitzen mit der Schere abschneiden.

In einem großen Topf die Flügel in kaltem Salzwasser zum Kochen bringen und die Zwiebeln zufügen. Auf kleiner Flamme 20 Minuten köcheln lassen. Die Geflügelbrühe in ein Gefäß abgießen und anderweitig verwenden.

Die Flügel mit der Sojasoße und den Gewürzen mischen und auf kleiner Flamme im geschlossenen Topf für 15 Minuten kochen. Die Hühnerflügel herausheben und abtropfen lassen.

Eine feuerfeste Form mit Olivenöl auspinseln und die Flügel einfüllen. Bei 180 °C im vorgeheizten Backofen ca. 30 Minuten backen, bis sie braun und knusperig sind.

Heiß serviert schmecken sie am besten.

Spargel mit Zitronen-Estragonsoße

Den Spargel schälen und in Salzwasser bissfest garen.

Das Eigelb mit der Zitrone verschlagen und langsam unter ständigem Rühren in die warme Hühnerbrühe gießen. Vorsichtig aufkochen lassen, bis die Soße dicklich ist. Den Estragon unterziehen und mit Salz und Pfeffer würzen.

Den Spargel in vier Portionen teilen und mit der Soße begießen.

Mit Dill bestreut servieren.

Gegrillte Sardinen mit Knoblauchcreme

FÜR 4 PERSONEN

16 Sardinen
5 Knoblauchzehen

Für die Knoblauchcreme:
5 Knoblauchzehen
4 Eigelb
300 ml natives Olivenöl
Saft von 2 Zitronen
1 Bund fein gewiegte glatte Petersilie
weißer Pfeffer aus der Mühle
Salz

Die Sardinen beim Fischhändler ausnehmen lassen. Unter fließendem Wasser waschen, anschließend gut trockentupfen. In jeden Fisch 2 Einschnitte machen. Knoblauch schälen, feinblättrig schneiden und in jeden Fischeinschnitt schieben.

Ein Backgitter mit Alufolie auslegen und die Fische darauf verteilen. Den Backofengrill auf 250 °C einstellen und die Fische von jeder Seite ca. 2 Minuten grillen. Aus dem Backofen nehmen und auf einen Teller legen.

Für die Knoblauchcreme die Knoblauchzehen zerdrücken und mit dem Eigelb mischen.

Mit dem Stabmixer aufschlagen und in einem feinen Strahl das Olivenöl zugießen. Den Zitronensaft vorsichtig dazugeben. Mit Petersilie, Pfeffer und Salz würzen.

Die Sardinen mit der Knoblauchcreme servieren.

Suppen

Suppen

Der Klassiker unter den jüdischen Suppen ist die „Goldene Joich", bei uns unter dem Namen Goldene Hühnersuppe bekannt. Diese Suppe war für reiche Leute ein häufiges Sabbatgericht. In einfachen Haushalten kam sie nur an großen Festtagen auf den Tisch. Durch die an den Schnittflächen gebräunte Zwiebel erhielt die Suppe ihre schöne goldene Farbe und ihr unvergleichliches Aroma. „Sie richtet wieder auf", behauptete meine Mutter immer, die Goldene Hühnersuppe sei auch ein probates Mittel gegen Grippe und jegliche Seelenpein. Probieren Sie es aus und Sie werden sehen, diese Suppe macht wirklich ein bisschen glücklich.

Goldene Hühnersuppe

GOLDENE JOICH

FÜR 4 PERSONEN

2 kg Suppenhuhn
Magen, Lunge, Herz und Hühnerhals
1 große Zwiebel
2 Möhren
250 g Sellerieknolle
2 Stangen Porree
2 Lorbeerblätter
3 Wacholderbeeren
Salz
weißer Pfeffer aus der Mühle
1 Prise Muskatnuss

Suppeneinlage:
1 Möhre
1 kleine Stange Porree

Das Suppenhuhn und die Innereien gründlich waschen. In einen ausreichend großen Topf geben und mit kaltem Wasser bedecken.

Die Zwiebel ungeschält halbieren und mit den Schnittflächen nach unten in eine Pfanne ohne Fett setzen.

Die Zwiebelunterseiten bei starker Hitze fast schwarz bräunen. Mit dem anderen geputzten und grob zerkleinerten Gemüse, den Lorbeerblättern und Wacholderbeeren zum Huhn geben. Kräftig salzen und ohne Deckel zum Kochen bringen. Nach dem Aufkochen für 2–3 Stunden bei mittlerer Hitze köcheln lassen.

Das Huhn, Innereien, Gemüse und Gewürze aus der Suppe heben.

Das Huhn von den Knochen und der Haut befreien und in kleine Stücke schneiden.

Die frische Möhre in ganz feine Würfelchen, die frische Porreestange in feine Streifen schneiden und in der Suppe kurz aufkochen. Das Hühnerfleisch wieder zufügen und mit weißem Pfeffer, Muskat und Salz abschmecken.

So zubereitet wird die Suppe ihrem Namen gerecht, sie ist von goldener Farbe und äußerst wohlschmeckend.

Sauerkrautsuppe mit Rindfleisch

SHICHI

FÜR 4 PERSONEN

500 g gut durchwachsenes Rindfleisch
(Rippe, Brust oder Beinscheibe)
500 g Sauerkraut
1 große Zwiebel, ungeschält
2 Lorbeerblätter
weißer Pfeffer aus der Mühle
Salz
4 mittelgroße rohe Kartoffeln
2 El fein gewiegte Petersilie

Das Fleisch in Würfel schneiden und zusammen mit dem Sauerkraut in einen großen Topf geben. Die Zwiebel gewaschen, aber ungeschält und halbiert mit in den Topf geben. Mit 1,5 Liter kaltem Wasser, Lorbeerblättern, Pfeffer und wenig Salz auf den Herd setzen, aufkochen und 2 Stunden bei kleiner Hitze köcheln lassen. Die Kartoffeln würfeln und in die Suppe geben. Noch eine Stunde weiterkochen, bis die Kartoffeln ganz zerkocht sind.

Die Zwiebel und die Lorbeerblätter aus der Brühe fischen. Mit Petersilie bestreut servieren.

Kartoffelsuppe mit Kürbis

FÜR 4 PERSONEN

700 g Kartoffeln
300 g Speisekürbis
200 g gehäutete Tomaten
1 Möhre
1 Zwiebel
2 Knoblauchzehen
2 l Gemüsebrühe
weißer Pfeffer aus der Mühle
Salz
2 Lorbeerblätter
50 g Créme fraîche
1 Handvoll Kürbiskerne
2 El Kürbiskernöl

Kartoffeln, Kürbis, Tomaten, Möhre, Zwiebel und Knoblauchzehen schälen und würfeln. Zwiebel und Knoblauch in etwas Olivenöl anbraten.

Die Brühe aufkochen und alle Gemüsewürfel, Zwiebel und Knoblauch zufügen. Mit Pfeffer, Salz und Lorbeerblättern würzen und zugedeckt 20 Minuten köcheln. Die Lorbeerblätter aus der Brühe fischen und die Suppe pürieren.

Die Suppe nicht mehr kochen lassen und die Créme fraîche unterziehen.

Die Kürbiskerne in der Pfanne anrösten.

Die Suppe in Tellern anrichten, mit den Kernen bestreuen und über jede Portion etwas Kürbiskernöl träufeln.

Lebercremesuppe

FÜR 4 PERSONEN

500 g Hühnerleber
1 gewürfelte Möhre
200 g gewürfelter Sellerie
1 in feine Ringe geschnittene Stange Porree
3 gehackte Salbeiblätter
4 El Olivenöl
2 El Weizenmehl
1 l Hühnerbrühe
2 Eigelb
250 ml Sojamilch
Salz
schwarzer Pfeffer aus der Mühle

Die Leber waschen, von Häuten und Sehnen befreien. Mit Möhre, Sellerie, Porree und Salbei in Olivenöl anbraten und ca. 20 Minuten dünsten, die Leber darf nicht mehr rosa sein.
Mit 1 El Mehl bestäuben und mit der Hälfte der Brühe aufgießen. Mit dem Pürierstab alles zu einem Mus verarbeiten. Die restliche Brühe angießen und aufkochen. Von der Flamme ziehen. Eigelb mit 1 El Weizenmehl und der Sojamilch verrühren und damit die Suppe binden. Mit Salz und Pfeffer würzen.
Geröstete Brotwürfelchen dazu reichen.

Gerstensuppe mit Pilzen

FÜR 4 PERSONEN

30 g getrocknete Steinpilze
1 Stange Staudensellerie
1 rote Zwiebel
1 Möhre
2 Tassen Gerstenkörner
1 Lorbeerblatt
weißer Pfeffer aus der Mühle
Salz
3 El Butter
125 ml Crème fraîche

Die Pilze mit heißem Wasser überbrühen und nach dem Einweichen klein schneiden, das Wasser aufbewahren. Das Gemüse putzen und fein würfeln. Mit der Gerste, dem Lorbeerblatt, Pfeffer und Salz in ca. 2 Liter kaltem Wasser aufkochen und ungefähr 2–3 Stunden auf kleiner Flamme köcheln lassen. Das Pilzwasser nach und nach dazugeben. Zum Schluss die Butter unterziehen. Die Suppe ist fertig, wenn sie eine sämige Konsistenz hat und glänzt.
In Teller füllen und mit einem Klecks Crème fraîche servieren.

Wirsingsuppe mit Pilzen

FÜR 4 PERSONEN

250 g Wirsing
250 ml Sahne
250 ml Milch
3 mehlig kochende Kartoffeln
200 g Champignons
2 El Butter
weißer Pfeffer aus der Mühle
Salz
1 Prise Muskatnuss
2 El fein gewiegte Petersilie

Den Wirsing in feine Streifen schneiden und für einige Minuten in Salzwasser blanchieren. Durch ein Sieb abgießen und die Kochflüssigkeit auffangen. 200 ml abmessen und mit Sahne und Milch erhitzen. Die Kartoffeln schälen, in Würfel schneiden und mit 2/3 vom Wirsing in die Brühe geben. 15 Minuten kochen. Die Champignons feinblättrig schneiden und in der Butter braten, mit Pfeffer, Salz und Muskat würzen.

Die Suppe mit dem Pürierstab pürieren. Pilze und restlichen Wirsing unterheben und noch mal abschmecken. In eine Suppenschüssel füllen und mit der Petersilie garnieren.

Zucchinisuppe

FÜR 4 PERSONEN

300 g Zucchini
800 ml Gemüsebrühe
50 g Erdnusscreme
Salz
weißer Pfeffer aus der Mühle
Saft von ½ Zitrone
100 g frische Erdnüsse
1 Prise Muskatnuss

Die Zucchini waschen und ein Stück davon zurückbehalten. Die restlichen Zucchini grob würfeln und in der Gemüsebrühe garen. Die Erdnusscreme zugeben, aufkochen und alles mit dem Pürierstab pürieren. Mit Salz, Pfeffer und Zitronensaft abschmecken.

Die Erdnüsse schälen und grob hacken. Das zurückgelegte Zucchinistück in feine Streifen schneiden. Die Suppe in Teller füllen und mit den Zucchinistreifen und den gehackten Erdnüssen bestreut servieren. Etwas Muskat darüber reiben.

Suk in Askalon

47

Sauerampfersüppchen

FÜR 4 PERSONEN

500 g Sauerampfer
1 l Gemüsebrühe
4 El Obstessig
3–4 El Zucker
2 Eigelb
250 ml Sauerrahm
Salz

Den Sauerampfer waschen und grob hacken. Mit der Gemüsebrühe, Obstessig und Zucker aufkochen und 30 Minuten köcheln lassen. Die Suppe von der Flamme ziehen. Eigelb mit Sauerrahm mischen und zum Legieren unter die Suppe rühren, mit Salz abschmecken und auskühlen lassen.

Da die Suppe kalt gegessen wird, kann man bei Tisch noch in Scheiben geschnittene harte Eier und Paprikamus dazu reichen.

Fischsuppe mit Fenchel und Safran

Die Fischfilets waschen, trockentupfen und in Stücke schneiden. In einer Marinade aus 2 El Olivenöl, Pfeffer, in etwas Wasser aufgelöstem Safran und den gehackten Knoblauchzehen 1 Stunde ziehen lassen.

Gemüse putzen und in feine Streifen schneiden. Olivenöl erhitzen und das Gemüse darin andünsten. Den Fischfond zufügen und einmal aufkochen, Hitze reduzieren. Die Fischstücke aus der Marinade heben und in die Suppe geben. In 5 Minuten sind sie gar gezogen. Mit Pfeffer und Salz abschmecken. Die Bandnudeln in reichlich Salzwasser bissfest kochen, abgießen und mit dem restlichen Olivenöl mischen. In Teller füllen und mit der Suppe begießen. Kleine Dillzweige runden die Suppe ab.

Kalte Reissuppe mit frischen Waldfrüchten

FÜR 4 PERSONEN

200 g Milchreis
1 Prise Salz
1 l Milch
125 ml Himbeersaft
1 unbehandelte Zitrone
Mark von 1 Vanillestange
100 g Himbeeren
100 g Brombeeren
100 g Blaubeeren
3 El Zucker
200 ml geschlagene Sahne

Den Reis mit einer Prise Salz und dem Zucker in die kochende Milch geben, die Hitze reduzieren und 40–50 Minuten ausquellen lassen. Himbeersaft, abgeriebene Zitronenschale und das Vanillemark unterheben. Die Waldbeeren waschen und 2/3 in die Reissuppe geben. Die Suppe kühl stellen. Mit den restlichen Beeren garniert servieren.

Ein Klecks geschlagene Sahne rundet das Ganze ab.

Porreesuppe mit Brotwürfelchen

FÜR 4 PERSONEN

250 g Porree
4 Stangen Frühlingszwiebeln
3 Knoblauchzehen
2 El Butter
1 getrocknete Chilischote
750 ml Gemüsebrühe
250 ml Weißwein
weißer Pfeffer aus der Mühle
Salz
geriebene Muskatnuss
1 Tl getrockneter Majoran
2–3 Scheiben Bauernbrot
2–3 El Olivenöl
50 g geriebener Ziegenkäse

Porree und Frühlingszwiebeln putzen, in feine Ringe schneiden. Knoblauch fein hacken.
Die Butter in einem Topf erhitzen, Porree und Frühlingszwiebeln darin glasig dünsten. Knoblauch und Chilischote zufügen und mit der Gemüsebrühe und Weißwein auffüllen. Mit Pfeffer, Salz, Majoran und Muskat abschmecken. Die Suppe 15 Minuten köcheln lassen.
Das Brot mit Rinde in feine Würfel schneiden und im Olivenöl rösten.
Die Suppe in tiefen Tellern anrichten, mit Brotwürfelchen und geriebenem Ziegenkäse bestreut servieren.

Spinatsuppe mit saurer Sahne

FÜR 4 PERSONEN

1 kg Blattspinat (TK)
1 El Olivenöl
5 in feine Ringe geschnittene Frühlingszwiebeln
1 zerstoßene Knoblauchzehe
weißer Pfeffer aus der Mühle
Salz
Saft von 2 Zitronen
1 Tl Zucker
2 Eier
250 ml saure Sahne
geriebene Muskatnuss

Den Spinat auftauen, ausdrücken und grob hacken. Das Olivenöl erhitzen und Frühlingszwiebeln und Knoblauch darin anbraten. Spinat zufügen und mit 1,5 Liter Wasser auffüllen. Mit Pfeffer und Salz würzen und aufkochen. Die Hitze reduzieren, Zitronensaft mit Zucker unterrühren. 15 Minuten im geschlossenen Topf köcheln. Vom Herd ziehen und auskühlen lassen. Die Eier verquirlen und unter die sich allmählich abkühlende Suppe rühren. Erst wenn die Suppe ganz kalt ist, die saure Sahne unterziehen und mit Muskat würzen.

Kohlsuppe

BORSCHT

400 g Rinderbeinscheiben
400 g Rote Bete
1 Tl Salz
1 El Weinessig oder Balsamico
50 g Rinderfett
1 El Tomatenmark
1 Tl brauner Zucker
1 große Zwiebel
1 Möhre
1 Petersilienwurzel
500 g Kartoffeln
400 g Weißkohl
4 geschälte frische Tomaten
5 Pfefferkörner
5 Pimentkörner
2 Lorbeerblätter
1 Tl Speisestärke
je 1 El Dill und Petersilie, fein gewiegt

Die Beinscheiben mit kaltem Wasser aufsetzen und zum Kochen bringen. Jetzt die Hitze reduzieren und 1 Stunde weiter köcheln lassen. Die Brühe durch ein Sieb gießen und das Fleisch vom Knochen trennen und in kleine Würfel schneiden. Rote Bete waschen, schälen und in dünne Streifen schneiden, salzen und mit Balsamico beträufeln. Alles gut vermischen, mit etwas Rinderfett, Tomatenmark und Zucker halbgar dünsten. Zwiebel, Möhre und Petersilienwurzel putzen, in feine Streifen schneiden und ebenfalls dünsten. Die geschälten Kartoffeln in Stücke schneiden und in der Rinderbrühe zum Kochen bringen. Den klein geschnittenen Weißkohl zugeben und 10–15 Minuten mitkochen. Jetzt das geschmorte und gedünstete Wurzelwerk und die Rote Bete hinzufügen. Die Tomaten klein schneiden und ebenfalls in die Suppe geben.

Jetzt mit schwarzem Pfeffer aus der Mühle, Salz, gemahlenem Piment und den Lorbeerblätter würzen. Etwas von der Brühe abnehmen, darin die Speisestärke anrühren und unter die Suppe ziehen; 5 Minuten kochen lassen. Den Topf von der Flamme ziehen und die Suppe 15–20 Minuten ruhen lassen.

Zum Servieren die Kohlsuppe, auch Borscht genannt, in tiefe Teller füllen und mit gekochtem Fleisch, gehackter Petersilie und Dill anrichten.

Typisches Generationenbild an der Klagemauer

Fisch

Fisch

Gefüllte Fisch (gefüllter Fisch oder gefüllte Fischkugeln) gehörte als fester Bestandteil zur traditionellen ostjüdischen Sabbattafel. Weil er kalt verzehrt wird, ist er prima vorzubereiten. Allerdings ist dieses Fischgericht etwas zeitaufwändiger, aber es lohnt allemal und Ihre Familie oder Gäste werden es Ihnen danken.

Achten Sie bitte beim Fischkauf vor allem auf Frische, die zu erkennen ist an leuchtend roten Kiemen und daran, dass das Fleisch auf Druck keine Delle zurückbehält und der Geruch an Meerwasser erinnert.

Meeräsche in Wein

FÜR 4 PERSONEN

2 mittelgroße Meeräschen zu je ca. 700 g
250 ml Weißwein
30 g Butter
2 Zwiebeln in feine Ringe geschnitten
Salz
weißer Pfeffer aus der Mühle
1 Bund Petersilie
1 Bund Dill
250 ml Rotwein
1 Tl Rosenpaprika
einige Zwiebelringe
einige Limettenschnitze
1 El fein gewiegter Estragon
Butter für die Form

Die Fische waschen, in eine ovale Form legen und mit Weißwein übergießen. Auf jeder Seite 10 Minuten marinieren lassen.

In einer Pfanne 1/3 der Butter schmelzen und die Zwiebeln darin glasig dünsten.

Eine große Auflaufform gut ausbuttern. Die Fische aus dem Wein nehmen und innen salzen, pfeffern und die Petersilien- und Dillsträußchen in ihren Bäuchen verteilen. Die Fische in die Form legen und mit der restlichen Butter bestreichen. Den Rotwein angießen und die glasigen Zwiebelringe darüber geben. Den Backofen auf 180 °C vorheizen und die Fische darin ca. 30 Minuten braten. Aus dem Ofen nehmen und mit Paprikapulver bestreuen. Unter dem heißen Grill so lange überbacken, bis die Haut ganz dunkel ist.

Mit Zwiebelringen, Limettenschnitzen und Petersilie heiß servieren.

Seebarsch mit Kapern-Knoblauch-Butter

4 Seebarsche zu je ca. 300 g
weißer Pfeffer aus der Mühle
Meersalz
reichlich Öl zum Braten
50 g Butter
5–8 fein gehackte Knoblauchzehen
50 g feine Kapern
1 unbehandelte Zitrone in Scheiben
2 El fein gewiegte Petersilie
2 unbehandelte Zitronen, geviertelt

Fisch säubern und gut trockentupfen, innen und außen pfeffern und salzen.

In einer schweren Pfanne das Öl erhitzen und die Fische dazu geben, sie sollten bis zu Hälfte im Öl liegen.

Den Seebarsch von jeder Seite ca. 6 Minuten braten. Die Fische aus dem Öl nehmen und in eine Backform legen. In einer kleinen Pfanne die Butter zerlassen, den Knoblauch darin goldbraun braten – die Kapern zufügen und alles mit Pfeffer und Salz abschmecken. Die Kapern-Knoblauchbutter über die Fische gießen und die Zitronenscheiben auf den Fischen verteilen. Die Fische im vorgeheizten Backofen bei 180 °C weitere 7 Minuten garen.

Mit Petersilie und Zitronenscheiben garniert servieren.

Gefillte Fisch

EINE JÜDISCHE SPEZIALITÄT
TRADITIONELLE POCHIERTE FISCHBÄLLCHEN

FÜR 4 PERSONEN

1 kg frischer Karpfen
Salz
2 hart gekochte Eier
1 Scheibe altes Challa (helles Sabbatbrot)
oder 60 g Semmelbrösel
1 große Zwiebel
1 rohes Ei
2 El Öl
schwarzer Pfeffer aus der Mühle
1 Prise Zucker

Für den Sud:
4 in Scheiben geschnittene Möhren
2 in Ringe geschnittene Zwiebeln
1 l Wasser
Pfeffer, Salz und Zucker zum Abschmecken

Den Karpfen waschen und in Scheiben schneiden, den Kopf zurückbehalten. Mit Salz bestreuen und für eine Stunde in den Kühlschrank stellen.

Die großen Gräten und die Haut vom Fleisch entfernen, die Haut aber aufheben. Den Fisch mit den Eiern, dem Brot bzw. den Semmelbröseln und der fein gehackten Zwiebel zweimal durch den Fleischwolf drehen. Das rohe Ei, Öl, Salz, Pfeffer und Zucker nach Geschmack unterrühren und in den Kühlschrank stellen.

Alle Zutaten für den Sud in einen Topf geben, aufkochen und auf kleiner Flamme 30 Minuten köcheln lassen. Den Fischkopf dazugeben und weitere 15 Minuten köcheln.

Aus der abgekühlten Fischmasse mit feuchten Händen kleine Kugeln formen, die übrig gebliebenen Fischhautstücke ebenfalls mit Fischmasse füllen und kleine Kugeln formen.

Die Fischbällchen in die köchelnde Brühe geben. Deckel auf den Topf setzen, einen kleinen Spalt lassen und 1,5 Stunden köcheln. Nach Ende der Kochzeit auskühlen lassen und über Nacht in den Kühlschrank stellen.

Zum Servieren 2–3 Fischbällchen mit einer Möhrenscheibe und etwas geliertem Fischsud auf einen Teller geben. Als Beilagen gehören Challa und Meerrettich (Krein) zu Gefillte Fisch.

Der Fischkopf bleibt dem Familienoberhaupt vorbehalten.

Krein

EINE SCHARFE ANGELEGENHEIT ZU „GEFILLTE FISCH"

FÜR 4 PERSONEN

1 mittelgroßer frischer Meerrettich
1 gekochte Rote Bete
weißer Pfeffer aus der Mühle
Salz
Zucker nach Gusto

Den Meerrettich schälen und reiben. Die gekochte Rote Bete schälen und auf dem Gemüsehobel fein raspeln. Beides gut vermischen, mit weißem Pfeffer, Salz und Zucker abschmecken.

Achtung! Die ätherischen Öle des Meerrettichs steigen in die Nase und Ihnen werden die Augen tränen. Wer kann, sollte den Meerrettich im Freien zubereiten.

Karpfen mit Honig und Lebkuchen

FÜR 4 PERSONEN

750 ml Wasser
250 ml Weinessig
100 g Lebkuchen
10 eingelegte Perlzwiebeln
1 El Honig
2 El Rosinen
100 g Kandiszucker
2 Lorbeerblätter
3 Gewürznelken
3 Pimentkörner
1,5 kg Karpfen

Aus allen Zutaten außer dem Karpfen einen Sud herstellen und ihn 30–40 Minuten leise kochen lassen.

Den Karpfen schon beim Fischhändler ausnehmen und schuppen lassen, dann unter fließendem Wasser gut waschen und trockentupfen. Den Fisch in Portionsstücke teilen und salzen, er sollte jetzt eine gute halbe Stunde ruhen.

Die Hitze des Topfes mit dem Gewürzsud reduzieren, er darf jetzt nicht mehr kochen. Die Fischstücke werden in die Brühe gelegt und müssen darin jetzt ca. 40 Minuten mehr gar ziehen als kochen. Den Fisch aus dem Sud heben und auf einer Platte anrichten. Die Fischbrühe auf die Hälfte einkochen und durch ein Sieb abgießen. Den Kochsud über die Fischstücke gießen und zum Gelieren abkühlen lassen. Einige der gekochten Perlzwiebelchen und Rosinen werden über den Fisch gestreut. Den Fisch gut gekühlt servieren.

Bratfisch mit Kräutern

FÜR 4 PERSONEN

4 El Mehl
Salz
weißer Pfeffer aus der Mühle
2 Eier
800 g Seezungenfilets
60 ml Olivenöl
Zweige von frischem Rosmarin und Oregano
4–5 Knoblauchzehen
100 g entsteinte, klein geschnittene schwarze Oliven
Paprikapulver
60 ml Wein- oder Obstessig
1 Zitrone in Spalten geschnitten
einige Petersilienstängel

In einer Schüssel Mehl, Salz und Pfeffer vermischen. Die Eier mit 2 El Wasser verquirlen. Die Fischfilets erst im verquirlten Ei und dann im Mehl wälzen. Diesen Vorgang zweimal wiederholen. Das überschüssige Mehl abklopfen. Das Olivenöl in einer Pfanne erhitzen und die Fischfilets darin goldbraun braten. Küchenpapier auf einen Teller legen und die Fische darauf abtropfen lassen. Rosmarin, Oregano, Knoblauch, schwarze Oliven, Paprikapulver und Essig in das Olivenöl geben und sanft köcheln lassen. Immer wieder gut umrühren und auch den Bratensatz vom Pfannenboden schaben. Wenn die Soße köchelt, vorsichtig über die Filets gießen.

Mit Zitrone und Petersilie anrichten.

Eingelegte Heringe

FÜR 4 PERSONEN

6 Salzheringe (möglichst Milchner, das sind
geschlechtsreife Heringsmännchen)
125 ml Essig
250 ml Sauerrahm
1 El Pfefferkörner
3–4 Lorbeerblätter
3 Gewürznelken
1 El Wacholderbeeren
1 große Zwiebel in Scheiben geschnitten

Die Heringe beim Fischhändler ausnehmen, filetieren und häuten lassen, aber die Heringsmilch mitnehmen. Fische gut waschen und einige Stunden in kaltem Wasser entsalzen, das Wasser dabei mehrfach wechseln. Die Filets in Stücke schneiden.

Die Heringsmilch mit Essig durch ein Sieb streichen und mit Sauerrahm vermischen.

Die Heringsstücke abwechselnd mit den Gewürzen und den Zwiebelscheiben in eine Schüssel schichten und mit der Milchmarinade übergießen. Im Kühlschrank mindestens 2 Tage marinieren. Serviert wird der Fisch mit kräftigem Brot und einem Schnaps.

Gekochter Hecht in schlanker Hollandaise

FÜR 4 PERSONEN

1 Hecht von ca. 2,5 kg
1 klein geschnittene Möhre
200 g gewürfelter Knollensellerie
1 in feine Ringe geschnittene Stange Porree
1 Zwiebel
2 Lorbeerblätter
10 Pfefferkörner
Salz

Für die Soße:
3 Eier
1 Tl getrockneter Estragon
weißer Pfeffer aus der Mühle
Saft einer halben Zitrone
Salz

Den Hecht unbedingt beim Fischhändler ausnehmen und schuppen lassen, er hat so fest sitzende Schuppen, dass man schon fast von einer „Rasur" sprechen kann.

Den Fisch in Portionsstücke schneiden.

Das klein geschnittene Gemüse mit den Gewürzen in eine größere Pfanne geben und in wenig Wasser ca. 30 Minuten kochen. Die Fischstücke mit der Schnittfläche auf das Gemüse legen, wenn nötig noch etwas Wasser nachfüllen, denn die Fische sollten mit Flüssigkeit bedeckt sein. Kurz aufkochen, Deckel auflegen und bei geringer Hitze 20 Minuten gar ziehen lassen.

Die Fische auf einer vorgewärmten Platte anrichten.

Die Eier verquirlen und vorsichtig 500 ml vom durchgesiebten Fischfond dazugießen. Mit Estragon, Pfeffer, Zitronensaft und Salz abschmecken. Die Soße separat zum Fisch servieren.

Heringshäckerle

FÜR 4 PERSONEN

4 Matjesfilets
4 hart gekochte Eier
1 kleine Zwiebel
2 Gewürzgürkchen
3 El neutrales Öl
1 Tl süßer Senf
weißer Pfeffer aus der Mühle
1 hart gekochtes Ei zum Servieren

Fisch, Eier, Zwiebeln und Gurken winzig klein würfeln und mit einem großen Messer noch mal hacken, es darf aber kein Brei werden. Mit Öl und Senf vorsichtig vermischen und mit Pfeffer abschmecken.

In ein verschließbares Gefäß füllen und wenigstens einen Tag lang ziehen lassen. Das Ei in Scheiben schneiden und darauf das Heringshäckerle mit kräftigem Bauernbrot und einem Bier servieren.

Heringssalat mit Roter Bete

FÜR 4 PERSONEN

2 Rote Bete-Knollen
2 große Kartoffeln
4 Heringsfilets
100 g gehackte Walnüsse
250 ml saure Sahne
schwarzer Pfeffer aus der Mühle
2 El Essig
1 Kopfsalat

Die Rote Bete mit Stumpf und Stiel in Salzwasser 50–60 Minuten gar kochen.
Mit kaltem Wasser abschrecken, schälen und in kleine Würfel schneiden.
Kartoffeln in der Schale gar kochen und pellen, ebenfalls würfeln. Den Fisch waschen und in feine Streifen schneiden. Alles miteinander vermischen, die Walnüsse und die saure Sahne unterheben und mit Pfeffer und Essig würzen. Der Salat sollte über Nacht durchziehen.
Den Kopfsalat in Blätter teilen und waschen. Einen Teller damit auslegen und den Heringssalat darauf anrichten.

Kabeljau auf Gemüse

FÜR 4 PERSONEN

1 kg Kabeljau
Saft von $^1/_2$ Zitrone
weißer Pfeffer aus der Mühle
2 El Butter
1 in feine Ringe geschnittene Stange Porree
250 g gewürfelter Knollensellerie
3 gewürfelte Möhren
250 g feinblättrig geschnittene Champignons
200 ml saure Sahne
1 Tl Salz
1 Tl getrockneter Thymian
1 Tl edelsüßer Paprika
2 Tl Speisestärke

125 ml Weißwein
1 El fein gewiegter Dill
1 El fein gewiegte Petersilie
einige Zitronenschnitze

Den Fisch waschen, mit Zitronensaft einreiben und pfeffern. Das Gemüse und die Pilze in der Butter anbraten und zugedeckt ca. 5 Minuten dünsten. Die saure Sahne mit den Gewürzen, der Speisestärke und dem Wein mischen und zum Gemüse geben. Den Fisch auf das Gemüsebett setzen und bei schwacher Hitze 20 Minuten garen. Mit Dill und Petersilie bestreut und mit Zitronenschnitzen dekoriert servieren.

Fischmarkt in Akko

Kräuterforellen

FÜR 4 PERSONEN

4 große ausgenommene Forellen
2 El fein gewiegte Petersilie
2 El fein gehacktes Basilikum
2 El gehackter Majoran
2 El abgezupfte Thymianblättchen
Küchengarn
Salz
schwarzer Pfeffer aus der Mühle
200 g Weizenmehl
250 ml Milch
100 g geschmolzene Butter
Zitronenschnitze

Die Forellen unter fließendem Wasser gründlich waschen und innen trockentupfen.
Die Kräuter vermischen und die Fische damit füllen. Küchengarn einmal um jeden Fischbauch schlingen und zusammenbinden. Salz, Pfeffer und Mehl miteinander vermischen.
Die Fische in die Milch tauchen und anschließend im Mehl wälzen.
Den Backofen auf 200 °C mit Oberhitze oder Grill vorheizen. Die Forellen auf einen Grillrost legen und von jeder Seite 6–8 Minuten braten. Die zerlassene Butter zum Servieren über die heißen Forellen gießen. Mit Zitronenschnitzen reichen.

Fleisch

Fleisch

Bei der Durchsicht unserer Fleischrezepte wird Ihnen auffallen, dass Rinderfilet offensichtlich nicht auf dem jüdischen Speiseplan steht. Im Buch Genesis (1. Buch Mose, 32/23–33) des Alten Testaments kann man nachlesen, wie es dazu kam: Jakob bringt seine Frau und seine 11 Söhne über den Fluss Jabbok und bleibt allein zurück. Dort wird er nachts von einem Fremden in einen lang andauernden Kampf verwickelt, der bis zur Morgenröte noch nicht entschieden ist. Die Wende im nächtlichen Ringen bringt ein Schlag des Fremden auf die Lende Jakobs. Der Fremde bittet den Kampfunfähigen, ihn gehen zu lassen, doch der antwortet: „Ich lasse dich nicht, wenn du mich nicht segnest.“ Der Fremde fragt nach Jakobs Namen, doch die Antwort befriedigt ihn nicht. Er antwortet: „Du sollst nicht mehr Jakob heißen, sondern Israel; denn du hast mit Gott und mit Menschen gekämpft und hast gewonnen.“ So wurde Jakob zu Israel, das bedeutet „Gottesstreiter“, und zum Stammvater des jüdischen Volkes. Das Kapitel 32 endet mit den Worten: „Daher essen die Kinder Israel nicht das Muskelstück auf dem Gelenk der Hüfte bis auf den heutigen Tag, weil er auf den Muskel am Gelenk der Hüfte Jakobs geschlagen hatte.“

Kalbfleisch in Gelee

FÜR 4 PERSONEN

*1 kg Kalbsbrust, gut durchwachsen
einige Kalbsknochen (kein Kalbsfuß, weil sonst die
Brühe trüb wird)
3 Zwiebeln
5 Knoblauchzehen
2 Lorbeerblätter
10 schwarze Pfefferkörner
Salz*

Die nicht zu magere Kalbsbrust mit den anderen Zutaten in kaltem Wasser aufkochen und auf kleiner Flamme ca. 2 Stunden gar kochen.

Das Fleisch muss immer mit Flüssigkeit knapp bedeckt sein, der Sud könnte sonst später nicht gelieren.

Das Fleisch aus der Brühe heben und in eine nicht zu flache Schüssel legen. Knochen, Gewürze, Gemüse herausfischen, die Brühe über das Kalbfleisch gießen, es muss vollständig bedeckt sein.

Für 8 Stunden in den Kühlschrank stellen, damit die Brühe Zeit zum Gelieren hat.

Zum Servieren das Fleisch in nicht zu dünne Scheiben schneiden und mit Geleewürfelchen garnieren.

Dazu passen frisch geriebener Meerrettich und kleine Gürkchen.

Hackfleischschnitzel in Tomatensoße

SRASY

FÜR 4 PERSONEN

1 kg Rinderhackfleisch
1 große fein gewiegte Zwiebel
2 Eier
4 El Paniermehl für den Teig
schwarzer Pfeffer aus der Mühle
Salz
2 El Paniermehl zum Wälzen
Fett zum Ausbacken

Für die Soße:
500 ml Tomatenpüree aus der Dose
2 Gewürznelken
1 Tl frischer gehackter Ingwer
2 Lorbeerblätter
3 El Balsamico oder ein anderer milder Essig

1 El Zucker
2 El Rosinen
schwarzer Pfeffer aus der Mühle
Salz

Aus Hackfleisch, Zwiebel, Eiern, Paniermehl, Pfeffer und Salz einen homogenen Teig kneten. Er sollte einige Zeit ruhen. Mit einem Esslöffel tomatengroße Kugeln formen und im Paniermehl wälzen.

Im Fett goldbraun ausbacken.

Für die Soße das Tomatenpüree in einen Topf füllen, mit allen anderen Zutaten mischen und auf kleiner Flamme 30 Minuten köcheln. Die Fleischkugeln in die Soße legen und weitere 15 Minuten ziehen lassen.

Dazu passt ein körniger Reis.

Fleischklößchen mit Dillsamen

FÜR 4 PERSONEN

250 g Rinderhackfleisch
250 g Hühnerhackfleisch
Öl zum Braten
100 g altbackenes Weißbrot
schwarzer Pfeffer aus der Mühle
Salz
1 Tl gemahlene Dillsamen
1 Tl Paprikapulver
2 gepresste Knoblauchzehen
2 Eier
500 ml Hühnerbrühe

Rinder- und Geflügelhackfleisch in einer Pfanne mit heißem Öl krümelig braten. Das Weißbrot in Wasser einweichen und gut ausdrücken. Alles in eine Schüssel geben und mit den Gewürzen, Knoblauch und den Eiern sehr gut mischen. Aus der Masse kleine Klößchen formen und in der erhitzen Hühnerbrühe gar ziehen lassen. Fleischklößchen aus der Suppe heben und heiß servieren. Die Brühe aus kleinen Tassen dazu trinken.

Würzige Lammspieße mit grünen Bohnen

FÜR 4 PERSONEN

800 g Lammfleisch aus der Keule
2 fein gehackte Knoblauchzehen
schwarzer Pfeffer aus der Mühle
1 Tl getrockneter Thymian
Olivenöl für die Marinade
Salz
2 Knoblauchzehen in feine Scheiben geschnitten

Für die Bohnen:
500 g grüne Bohnen
1 El Olivenöl
2 gehackte Knoblauchzehen
2 El fein gewiegtes Bohnenkraut
Salz
schwarzer Pfeffer aus der Mühle

Das Lammfleisch waschen, trockentupfen und in Würfel schneiden. Aus den gehackten Knoblauchzehen, Pfeffer, Thymian, Olivenöl und Salz eine Marinade bereiten und die Fleischstücke darin ca. 4 Stunden marinieren.

Das Fleisch aus der Marinade heben und abtropfen lassen. Im Wechsel mit den Knoblauchscheiben auf Spieße stecken, nochmals würzen.

Von der Marinade 4 El abnehmen und in einer Pfanne erhitzen. Darin die Lammfleischspieße unter Wenden ca. 10 Minuten braten.

Die Bohnen putzen und in Salzwasser 10 Minuten kochen. Das Wasser abgießen und über die heißen Bohnen einen Schuss Olivenöl, gehackten Knoblauch und frisches Bohnenkraut streuen, mit Salz und Pfeffer würzen.

Die Bohnen auf einer vorgewärmten Platte anrichten und die Spieße darauf setzen.

Unbedingt heiß servieren.

Lammkeule mit Olivensoße

FÜR 4 PERSONEN

1 Lammkeule, ca. 2,5 kg
5 in Stifte geschnittene Knoblauchzehen
2 El fein gewiegte Petersilie
schwarzer Pfeffer aus der Mühle
Salz
Olivenöl zum Braten

Für die Brühe:
500 g Lammknochen
3 gewürfelte Möhren
3 gewürfelte Zwiebeln
100 g gewürfelter Sellerie
3 Zweige frischer Thymian
10 schwarze Pfefferkörner
2 Lorbeerblätter
Salz
300 g gehackte schwarze Oliven
50 g gehackte Sardellenfilets
Saft von $^1/_2$ Zitrone

Aus den Lammknochen, Möhren, Zwiebeln, Sellerie, Thymian, Pfefferkörnern, Lorbeerblättern, Salz und 1 Liter Wasser eine Brühe kochen.

Die Lammkeule von Sehnen und Häutchen befreien und mit einem scharfen Messer feine Schlitze schneiden. In diese Öffnungen die Knoblauchstifte stecken. Mit Pfeffer und Salz einreiben und mit Olivenöl in einen Bräter setzen. In den auf 200 °C vorgeheizten Backofen stellen, nach 20 Minuten auf 170 °C reduzieren und ca. 3 Stunden im Backofen sanft braten. Dabei immer wieder mit Bratensaft und Öl übergießen. Aus dem Ofen nehmen und auf einer vorgeheizten Platte ruhen lassen.

Das Fett vom Bratensaft abschöpfen. Von der Lammknochenbrühe 500 ml angießen und kräftig einkochen. Mit gehackten Oliven, Zitronensaft und Sardellenfilets abschmecken und einmal aufkochen. Das ausgelöste Lammfleisch in Scheiben schneiden, mit Petersilie bestreuen und mit der Soße servieren.

Tscholent

EINE TRADITIONELLE SABBATSPEISE

FÜR 4 PERSONEN

200 g getrocknete weiße Bohnen
1 kg von Fett durchzogenes Rindfleisch (Bruststück)
1 Rinderbeinscheibe
1 in Stücke gehackter Kalbsfuß
3 El frisches Geflügelfett
3 gewürfelte Zwiebeln
200 g große Gerstenkörner (Graupen)
schwarzer Pfeffer aus der Mühle
Salz
2 Lorbeerblätter
1 Tl Senfkörner
1 gute Prise gemahlener Piment
2–3 Zweige Liebstöckel

Die weißen Bohnen über Nacht einweichen. Das Fleisch, die Beinscheibe und den Kalbsfuß gut waschen. Geflügelfett in einem schweren, gut schließenden Topf auslassen und darin die Zwiebeln anbräunen. Das Fleisch und die Beinscheibe in den Topf legen und die Bohnen mit den Graupen rund um das Fleisch anordnen. Mit kochendem Wasser übergießen, bis alles bedeckt ist, dann die Gewürze einfüllen. Den Deckel auf den Topf legen und im Backofen bei ca. 160 °C 4–5 Stunden garen lassen. Die Hitze ausschalten und im warmen Ofen weitere 2–3 Stunden nachgaren. Die Flüssigkeit sollte von den Bohnen und den Graupen vollständig aufgesogen sein. Das Fleisch wird in nicht zu dünne Scheiben geschnitten und mit der Bohnen-Graupen-Mischung serviert.

Zimmes mit Fleisch und Farfel

FÜR 4 PERSONEN

1 Ei
Salz
300 g Weizenmehl
Rinderfett zum Anbraten
1 kg Rinderbrust
1 große Zwiebel
weißer Pfeffer aus der Mühle
1 gute Prise Muskat
Saft und abgeriebene Schale
von 1 unbehandelten Zitrone
3 El Honig
300 g gemischtes Backobst

Für den Teig das Ei und eine gute Prise Salz verquirlen, Weizenmehl dazusieben und kräftig verkneten. Das ergibt einen sehr festen Teig, den man zu einer Kugel geformt eine gute Stunde liegen und etwas trocknen lässt.

Das Fleisch in grobe Würfel schneiden und mit der ganzen Zwiebel anbraten. Mit kaltem Wasser begießen, bis alles bedeckt ist, und ca. 2 Stunden köcheln lassen. Die Zwiebel entfernen. Jetzt die Gewürze, Zitronenschale und Saft, Honig und Backobst hinzufügen. Auf einer Küchenreibe den Farfelteig in die Brühe reiben und abgedeckt 1 weitere Stunde köcheln. Bitte nicht mit einem Löffel umrühren, sondern nur am Topf rütteln, denn die Farfel und die Trockenfrüchte sollen nicht zerfallen. Alle Flüssigkeit sollte verkocht sein. Ohne Deckel für 15 Minuten im Backofen überbacken.

Reis-Fleisch-Auflauf

FÜR 4 PERSONEN

700 g Rote Bete
2 Eier
1 Tasse gekochter Risottoreis
2 Tl Weizenmehl
Salz
1 Prise Muskatnuss
3 El neutrales Fett
700 g Rinderhackfleisch
schwarzer Pfeffer aus der Mühle
1 Prise Chilipulver
etwas zerlassene Butter
Fett für die Form

Die Rote Bete ungeschält 1 Stunde kochen, mit kaltem Wasser abschrecken und schälen. Auf einer Küchenreibe grob raffeln. Mit Eiern, Reis und Mehl vermischen und mit Salz und Muskat abschmecken.

Das Rinderhackfleisch mit Pfeffer, Salz und Chili in der Pfanne in heißem Fett krümelig braten.

Eine Auflaufform ausfetten und eine dünne Schicht von der Reismasse einfüllen. Darauf das Rinderhackfleisch verteilen, als letzte Schicht wieder die Reismischung aufstreichen.

Mit zerlassener Butter beträufeln und im Backofen bei 180 °C ca. 45 Minuten überbacken.

Gefüllte Wirsingröllchen

Ein sehr üppiges Gericht, das immer wieder überrascht

FÜR 4 PERSONEN

1 ganzer Wirsing

Für die Füllung:
700 g Rinderhackfleisch
2 gewürfelte Zwiebeln
1 geschälter und gewürfelter Apfel
1 zerdrückte Knoblauchzehe
1 Ei
1 Tl getrockneter Thymian
schwarzer Pfeffer aus der Mühle
Salz

Für den Topfboden:
125 ml frisches Geflügelfett (ersatzweise Pflanzenfett)
2 große gewürfelte Zwiebeln
2 in Spalten geschnittene Äpfel
1 Bund fein gewiegte Petersilie
3 El brauner Zucker
schwarzer Pfeffer aus der Mühle
Salz
Saft von 1/2 Zitrone

Den Wirsing in Blätter zerpflücken, die harten äußeren Blätter wegwerfen. In einem großen Topf Salzwasser kochen, die Wirsingblätter darin ca. 10 Minuten zusammenfallen lassen. In einer Schüssel mit Eiswasser abschrecken, damit sie ihre Farbe behalten.

Die Wirsingblätter auf einem Tuch ausbreiten, trockentupfen und den harten Strunk flach wegschneiden.

Das Rinderhackfleisch mit den restlichen Zutaten für die Füllung vermischen und herzhaft abschmecken.

Auf jedes Wirsingblatt kommt anschließend ein gut gefüllter Esslöffel der Hackmasse. Aufgerollt wird vom Stilansatz her, nach der ersten Umdrehung werden auch die Seiten eingeklappt, so dass ein richtiges kompaktes Röllchen entsteht. Diesen Vorgang so lange fortsetzen, bis die Masse aufgebraucht ist. Den restlichen Wirsing in feine Streifen schneiden.

Einen großen Schmortopf an den Seiten und am Boden gut ausfetten. Die Wirsingstreifen, Zwiebeln, Äpfel und Petersilie in den Topf geben, mit Zucker, Pfeffer, Salz und Zitronensaft würzen. Die Wirsingröllchen ebenfalls in den Topf geben und mit 250 ml Wasser begießen. Bei schwacher Hitze eine gute Stunde auf dem Herd schmoren. Die Wirsingröllchen schmecken am besten, wenn die Flüssigkeit ganz verkocht ist und sich am Boden eine feine karamellisierte Schicht gebildet hat.

Als Beilage passen kleine Kartöffelchen ideal und wer nicht koscher essen muss, nimmt dazu noch einige Löffel Crème fraîche.

Lammfleischklöße mit Pitabrot

Eine Spezialität aus dem Jemen

FÜR 4 PERSONEN

500 g Lammhackfleisch
1 Scheibe fein gewürfeltes Weißbrot ohne Rinde
1 fein gehackte große Zwiebel
1 Ei
1 El fein gewiegte Petersilie
schwarzer Pfeffer aus der Mühle
Salz
3 gehackte Knoblauchzehen
je eine Messerspitze Kreuzkümmel, Koriander,
Chilipfeffer
1 Tl Rosenpaprika
2 El Mehl
1 Tasse Öl zum Ausbacken
1 Pitafladenbrot

Das Hackfleisch mit Weißbrot und den anderen Zutaten außer dem Mehl und dem Öl gründlich vermischen. Den Fleischteig einige Zeit ruhen lassen.

Mit einem Teelöffel kleine Mengen abstechen, daraus Klößchen formen und im Mehl wälzen. Einen Teil vom Öl erhitzen und die Klößchen darin braun anbraten. Das restliche Öl zugießen und auf kleiner Flamme ca. 20 Minuten ausbraten. Auf einem Teller anrichten, das Öl aus der Pfanne in ein kleines Gefäß gießen. Das Pitabrot in Tortenstücke schneiden, in Öl tunken und zu den Lammfleischklößchen reichen.

Kalbsschnitzel mit Zitronenspalten

Das unter dem Namen „Wiener Schnitzel" weltweit bekannte Gericht ist tatsächlich eine weitere Köstlichkeit der jüdischen Küche.

FÜR 2 PERSONEN

4 sehr dünn geschnittene Kalbsschnitzel
Saft einer Zitrone
3 El Weizenmehl
2 Eier
5 El Semmelbrösel
neutrales Öl zum Braten
1 Zitrone in Spalten geschnitten

Die Schnitzel waschen und trockentupfen, leicht klopfen, mit etwas Zitronensaft beträufeln und leicht salzen. Kurz vor dem Braten die Schnitzel zuerst in Mehl, dann in verquirltem Ei wenden und unter leichtem Andrücken in den Semmelbröseln wenden. In heißem Öl von beiden Seiten knusprig braten. Auf einem Teller Küchenpapier ausbreiten und die Schnitzel darauf entfetten. Mit Zitronenspalten sofort servieren.

Geflügel

Geflügel

Gefüllter Gänsehals ist eine ganz besondere Spezialität der jüdischen Küche.

Traditionell wird hierzu die Halshaut einer Gans verwendet. Er lässt sich mit allerlei Mischungen füllen. Kross gebraten schmeckt er in Scheiben geschnitten warm und kalt.

Bitte achten Sie beim Geflügelkauf auf Frische und kaufen Sie kein Geflügel, das nur noch einen Tag haltbar ist. Sehr schnell haben sich Salmonellen zwar nicht in Ihrer Mahlzeit, aber dafür in Ihrer Küche eingeschlichen. Besonders im Sommer ist es wichtig, alle Gegenstände die mit Geflügel und seinen Innereien in Berührung gekommen sind, gründlich zu reinigen.

Hähnchen mit Walnussfüllung

FÜR 4 PERSONEN

Hähnchen von 1,5 kg
Olivenöl
Salz
weißer Pfeffer aus der Mühle
1 Ei
100 g Semmelbrösel
150 g gehackte Walnüsse
2 El fein gewiegte Petersilie
2 El fein gewiegter Dill
2 gehackte Knoblauchzehen
50 g Geflügelfett oder Butter
1 Messerspitze zerstoßener Koriander
1 fein gewürfelte Zwiebel
250 ml Hühnerbrühe
einige Safranfäden

Das Hähnchen unter fließendem Wasser gründlich waschen, innen und außen trockentupfen. Mit Olivenöl einreiben und innen und außen salzen und pfeffern.

Aus Ei, Semmelbröseln, 100 g Walnüssen, Petersilie, Dill, Knoblauch, Fett und Koriander eine Füllung rühren und das Hähnchen damit füllen. Die Bauchhöhle gut verschließen.

Den Backofen auf 250 °C vorheizen. Das Hähnchen in eine Bratenform geben und in den Backofen schieben. Nach 5 Minuten die Hitze auf 200 °C reduzieren und das Hähnchen ca. 50 Minuten braten. Hin und wieder etwas Wasser angießen und das Hähnchen damit bestreichen.

Die Zwiebel in einer Pfanne mit etwas Olivenöl glasig braten und die restlichen Walnüsse unterrühren. Mit der Hühnerbrühe aufgießen, mit Pfeffer und Salz würzen und die Safranfäden unterziehen. Etwas einkochen lassen.

Hähnchen aus der Form nehmen und den Bratenfond mit Bratansatz zur Soße geben.

Hähnchen in 4 Teile, die Füllung in gleichmäßige Scheiben schneiden.

Auf jeden Teller einen Soßenspiegel geben, darauf eine Scheibe Walnussfüllung und das Hähnchen anrichten.

Puter mit Kastanienfüllung

Die Maronen an der spitzen Seite kreuzweise einschneiden und in Wasser ca. 20 Minuten kochen. Abgießen und mit kaltem Wasser abschrecken, sofort schälen und grob zerdrücken. Die Äpfel schälen und fein reiben. Mit Zitronensaft, Ei und Petersilie zu einer geschmeidigen Masse verrühren, kräftig mit Pfeffer und Salz würzen.

Den Puter innen und außen gründlich waschen und trockenreiben. Mit den Fingern vorsichtig unter die Brusthaut fahren und die Butter oder das Geflügelfett auf das Brustfleisch streichen. Auf jede Brustseite einige Salbeiblätter unter die Haut schieben. Die Keulen und Flügel mit Küchengarn an den Körper binden.

Den Puter mit der Maronen-Apfelmasse füllen und die Bauchhöhle gut verschließen.

Den Backofen auf 200 °C vorheizen. Den Puter mit der Brust nach unten auf ein tiefes Backblech legen und außen pfeffern und salzen. Das geputzte und grob zerkleinerte Gemüse mit den Pimentkörnern um den Puter verteilen. Die Hitze auf 170 °C zurückschalten. Man rechnet pro kg Puter mit einer Bratzeit von 50–55 Minuten, nach der Hälfte der Bratzeit den Puter auf den Rücken drehen. Sollte die Brust zu braun werden, muss sie mit Alufolie locker abgedeckt werden. Während des Bratens den Puter immer wieder mit heißem Wasser begießen.

Nach Ende der Bratzeit den Puter vom Backblech heben und auf einer Platte anrichten. Den Bratfond und Bratansatz in einen Topf füllen und mit etwas Wasser aufgießen, aufkochen und mit aufgelöster Speisestärke binden.

Die Soße separat zum Puter reichen.

Gefülltes Gänsehälschen

FÜR 1 PERSON

1 Gänsehals
100 g gehacktes Hühnerfleisch
1 gehackte Hühnerleber
1 fein gehackte Zwiebel
1 El Semmelbrösel oder Mazzemehl
1 Eigelb
weißer Pfeffer aus der Mühle
Salz

Von einem Gänsehals vorsichtig die Haut abziehen und innen gründlich reinigen. Aus Hühnerfleisch, Hühnerleber, Zwiebel, Semmelbröseln, Eigelb, Pfeffer und Salz eine homogene Masse kneten. Den Gänsehals an einem Ende mit Küchengarn zubinden, mit einem Teelöffel die Hühnerfleischmasse einfüllen und das andere Ende verschließen. Der Gänsehals sollte nicht zu stramm gefüllt werden, weil sich die Masse beim Braten noch ausdehnt. Mit Pfeffer und Salz von außen würzen und in einer Pfanne im Geflügelfett von allen Seiten ca. 30 Minuten anbraten. Den Backofen auf 180 °C vorheizen und in der Pfanne für weitere 30 Minuten im Backofen garen. Zum Servieren in nicht zu dünne Scheiben schneiden und auf grünem Salat anrichten.

Geflügelangebot in Jerusalemer Markt

Hähnchen mit Pilzen

FÜR 4 PERSONEN

1 Hähnchen von 1,5 kg
100 ml Olivenöl
2 gehackte Zwiebeln
5 zerdrückte Knoblauchzehen
100 g gehackter Knollensellerie
2 El gehackte Sellerieblätter
3 El fein gewiegte Petersilie
5 Lorbeerblätter
20 entsteinte schwarze Oliven
300 g frische kleine Champignons
200 ml trockener Weißwein
schwarzer Pfeffer aus der Mühle
Salz
300 ml Hühnerbrühe

Das Huhn waschen und trockentupfen, in 6 Stücke teilen.

In einem Bräter 2 El Olivenöl erhitzen und das Hühnerfleisch darin goldbraun braten. Das Fleisch herausheben und zur Seite stellen.

Das restliche Olivenöl mit Zwiebeln, Knoblauch, Sellerie und Sellerieblättern, Petersilie, Lorbeerblättern, Oliven und den Pilzen in den Bräter geben, anbraten und die Hühnerfleischstücke auf die Pilzmasse setzen. 20 Minuten braten und gelegentlich umrühren. Mit Weißwein ablöschen und mit Pfeffer und Salz würzen.

Die Flüssigkeit einköcheln lassen und wieder mit Hühnerbrühe auffüllen, bis das Fleisch bedeckt ist. Aufkochen und auf kleiner Flamme ca. 1 $^1/_4$ Stunden schmoren.

Mit knusprigem Weißbrot servieren.

Gefülltes Huhn

FÜR 4 PERSONEN

1 Brathuhn von 2 kg
100 g weiße Bohnen
5 gewürfelte Zwiebeln
5 El Pflanzenöl
50 g Reis
5 geschälte Tomaten
schwarzer Pfeffer aus der Mühle
Salz
4–5 mittelgroße Kartoffeln
1 Tl Zimt
1 gute Prise Kardamom

Die Bohnen über Nacht in kaltem Wasser einweichen. Die Zwiebeln in einer Kasserolle mit Deckel im Pflanzenöl anbraten. Den gewaschen Reis zufügen und mit anbraten. 2 Tomaten vierteln und zum Reis geben. Gut vermischen und mit Pfeffer und Salz herzhaft abschmecken.

Das Brathuhn gründlich waschen und trocken tupfen. Mit der Zwiebel-Reis-Tomatenmasse füllen. Die Brustöffnung mit Holzstäbchen verschließen.

Die Bohnen abseihen, in die Kasserolle füllen und das gefüllte Huhn darauf setzen. Die geschälten, geviertelten Kartoffeln um das Huhn verteilen. Die restlichen Tomaten ebenfalls vierteln und auf den Kartoffeln verteilen. Mit schwarzem Pfeffer, Salz, Zimt und Kardamom würzen. Mit Wasser auffüllen, so dass die Bohnen-Kartoffel-Mischung bedeckt ist. Zum Kochen bringen, Deckel auflegen und im Backofen bei ca. 100 °C über Nacht garen.

Entenbrust mit Granatapfelsirup

FÜR 4 PERSONEN

2 Entenbrüste
weißer Pfeffer aus der Mühle
Salz
1 gehackte Zwiebel
100 ml Wasser
60 ml Granatapfelsirup
1 El Zucker
2 El frische Granatapfelkerne

Die Entenbrüste auf der Hautseite quer einschneiden. Von beiden Seiten pfeffern und salzen.

Eine Pfanne mit dickem Boden ohne Fett erhitzen. Die Entenbrüste mit der Hautseite nach unten in die Pfanne legen. Scharf anbraten bis das Fett austritt, ca. 5 Minuten weiterbraten. Nun die Brüste wenden und wiederum 5 Minuten braten.

Die gehackte Zwiebel dazugeben. Die Zwiebelstücke müssen glasig dünsten. Wenn die Entenbrüste von beiden Seiten braun sind, aus der Pfanne heben, auf einen Teller legen und mit Alufolie abdecken. Zum Warmhalten in den auf 100 °C erwärmten Backofen stellen. Das Fett aus der Pfanne abgießen. Das Wasser auf die in der Pfanne verbliebenen Zwiebelstückchen gießen und den Granatapfelsirup zufügen. Mit Pfeffer, Salz und Zucker abschmecken. Die Entenbrüste wieder in die Soße legen und weitere 15–20 Minuten garen.

Die Entenbrüste quer in Scheiben schneiden und mit der Soße beträufeln. Mit den Granatapfelkernen bestreut servieren.

Erpel in pikanter Soße

(Der Erpel besitzt schönes, muskulöses Brustfleisch, welches beim Braten nicht so schnell trocken wird.)

1 junger Erpel von ca. 2 kg (männliche Ente)
schwarzer Pfeffer aus der Mühle
Salz
1 unbehandelte Zitrone
200 g gewürfelte, geräucherte, durchwachsene Rinderbrust oder Speck
1 El fein gehackte Rosmarinnadeln
10 fein gehackte Salbeiblätter
3 El Gänseschmalz oder Butter
300 ml trockener Weißwein
3 Sardellenfilets
3 El Kapern
2 Knoblauchzehen
3 El milder Weinessig
3 El fein gewiegte Petersilie

Den Backofen auf 200 °C vorheizen. Den Erpel gründlich waschen, trocken tupfen und innen und außen pfeffern und salzen.

Die Zitrone waschen, eine Hälfte in kleine Stücke schneiden, die andere Hälfte in den Erpel stecken. Die Hälfte der geräucherten Rinderbrust mit Rosmarin und Salbei in einem Bräter mit Gänseschmalz anbraten und die klein geschnittene Zitrone zugeben. Den Erpel mit der Brust nach oben hineinsetzen und den Deckel auflegen. Den Erpel in den Backofen schieben und auf der 2. Leiste von unten 45 Minuten braten. Ein Drittel vom Weißwein angießen und ohne Deckel eine weitere Stunde braten. Dabei nach und nach ein weiteres Drittel vom Weißwein angießen.

Sardellen, Kapern, Knoblauch und die restliche Rinderbrust in etwas Fett anbraten und mit dem Essig ablöschen.

Erpel in eine Auflaufform heben und im ausgeschalteten Backofen warm halten.

Den Bratfond entfetten und mit dem Bratansatz zur Sardellenmischung gießen. Das letzte Drittel vom Wein angießen und einkochen lassen. Die Soße über den Erpel gießen und mit der Petersilie bestreuen. Den Erpel wieder in den Backofen stellen und in der Soße 30 Minuten marinieren. Mit knusprigem Weißbrot und einem kühlen Weißwein servieren.

Bar Mitzwa – der Tag an dem der Junge zum Mann wird

Innereien

Innereien

Innereien sind gewiss nicht jedermanns Sache. Aber wenn man seine inneren Widerstände einmal überwunden hat, ist man leicht überrascht, wie wohlschmeckend sie sein können und wie einfach sich ein tolles Gericht aus Innereien zaubern lässt.

Die Kalbsleber nicht vor dem Braten salzen, sie wird sonst hart und verliert ihre feine Konsistenz.

Beim Einkauf von Innereien bitte unbedingt auf Frische achten.

Wenn Sie Zunge zubereiten möchten, wenden Sie sich bitte an den Metzger Ihres Vertrauens und bestellen Sie die Zunge für den Tag, an dem sie auch zubereitet werden soll; sie muss immer gut gekühlt gelagert werden.

Rinderzunge in Portweinsoße

FÜR 4 PERSONEN

2 kg gepökelte Rinderzunge
750 ml Rinderbrühe
10 Lorbeerblätter
1 El Pfefferkörner
5 Pimentkörner
5 Gewürznelken
1 Bund fein gewiegter Dill
300 ml Portwein
20 g Pflanzenmargarine oder Butter
1 Tl edelsüßer Paprika
1 El Speisestärke

Die Zunge waschen und das fettige Rachenstück entfernen, in einen großen Topf legen und die Rinderbrühe angießen. Mit Wasser auffüllen, bis die Zunge ganz bedeckt ist. Die Hälfte der Lorbeerblätter, alle Pfefferkörner, Piment, Nelken und den Dill zufügen und aufkochen. Die Hitze reduzieren und ca. 2 Stunden kochen. Die Zunge muss auf Fingerdruck nachgeben. Aus dem Topf heben, mit kaltem Wasser abwaschen, sofort die Haut abziehen und abkühlen lassen.

Den Portwein mit den restlichen Lorbeerblättern in einem Topf aufkochen und um die Hälfte reduzieren. Von der Flamme nehmen, Butter oder Margarine und Paprika untermischen und mit in etwas Rinderbrühe aufgelöster Speisestärke andicken.

Die Rinderzunge auf einem Küchenbrett in dünne Scheiben schneiden und mit der heißen Soße servieren.

Kalbsleber mit Äpfeln und Zwiebeln

FÜR 4 PERSONEN

500 g Kalbsleber in Scheiben
2 El Mehl
Butter oder Pflanzenfett zum Braten
weißer Pfeffer aus der Mühle
Salz
2 Gemüsezwiebeln, in Ringe geschnitten
1 Prise Zucker
3 säuerliche Äpfel, geschält
und in Spalten geschnitten

Die Leberscheiben waschen und gut trocken tupfen und von Häutchen und Sehnen befreien.

In Mehl wenden. Im Bratfett von beiden Seiten goldbraun braten und warm stellen. Jetzt erst pfeffern und salzen.

In einer Pfanne das Bratfett erhitzen und zuerst die Zwiebelringe darin goldbraun braten, mit Pfeffer und Zucker würzen und über die Leberscheiben geben. Dann die Äpfel ebenfalls goldbraun braten und um die Leberscheiben anrichten.

Kalbsnieren in Portwein

FÜR 4 PERSONEN

250 g Kalbsnieren
1 Tl Speisestärke
Butter oder Pflanzenfett zum Braten
250 ml Portwein
weißer Pfeffer aus der Mühle
Salz
2 El fein gewiegte Petersilie

Die Kalbsnieren waschen von Häuten und Sehnen befreien und für 2 Stunden in Wasser legen. Anschließend die Kalbsnieren herausnehmen, trocken tupfen, in Scheiben schneiden und in Speisestärke wälzen. In Butter oder Pflanzenfett goldbraun braten und nach und nach mit dem Portwein aufgießen. Die Soße muss sich während des Bratens binden.

Mit Pfeffer, Salz und Petersilie abschmecken und mit Kartoffelpüree servieren.

Kalbsbries gebraten

FÜR 4 PERSONEN

300 g Kalbsbries
2 x 2 El Essig
Salz
2 Eier
4 El Semmelbrösel
1 El Butter oder Pflanzenfett
1 in Scheiben geschnittene Zitrone

Das Kalbsbries für 2–3 Stunden in kaltes Essigwasser legen, herausheben, mit kochendem Wasser überbrühen und darin 20–30 Minuten ruhen lassen. Knorpel und Hautstückchen entfernen. In einem Topf Salzwasser erhitzen, Essig zufügen und das Kalbsbries darin 20 Minuten kochen. Herausnehmen, abtropfen lassen und in Scheiben schneiden. Die Eier verquirlen, die Briesscheiben darin wenden und in den Semmelbröseln wälzen. Die Briesscheiben in Butter oder Pflanzenfett goldbraun ausbacken und mit Zitronenscheiben garnieren.

Buchweizen,
Kartoffeln und Reis

Buchweizen, Kartoffeln und Reis

Das aus dem russischen stammende Wort „Kascha" ist ein Sammelbegriff für Getreide aller Art. Also Buchweizen, Graupen, Hafer, Mais und Reis. Für Juden, die in den Ostgebieten wie Litauen, Polen oder der Ukraine lebten, gehörten Buchweizengrütze und Graupengerichte zur Hauptnahrung.

In den traditionellen jüdischen Gerichten vermischt man Eier mit der Buchweizengrütze. Sie kleben dann beim Kochen nicht zusammen und entfalten einen besonders nussigen Geschmack.

Buchweizen sollten Sie im Naturkostladen oder Reformhaus kaufen, denn dort läuft der Verkauf von Vollwertartikeln am besten. Es gibt nichts Schlimmeres als abgestandene Vollwertkörner, die leicht einen muffigen Geschmack annehmen.

Neue Kartoffeln nicht zum Braten verwenden, sie bräunen sehr schwer und werden hart. Am besten schmecken neue Kartoffeln, wenn man sie kocht. Zum Frittieren von Kartoffeln eignen sich Scheiben oder feine Streifen. Wenn sie zu dick sind, bleiben sie innen roh, während die Außenseiten schon braun sind. Und bitte niemals vor dem Frittieren salzen. Vor dem Braten die Kartoffeln immer gut trocken tupfen, sonst spritzt Ihnen das Fett um die Ohren.

Kascha

1 Ei
weißer Pfeffer aus der Mühle
Salz
1 Tasse Buchweizenkörner (250 ml)
2 Tassen heißes Wasser (500 ml)

Das Ei mit Pfeffer und Salz verquirlen. Die Buchweizenkörner in einen Topf geben und mit dem gewürzten Ei verrühren, alle Körner sollen mit einem Eifilm überzogen sein. Den Topf auf kleiner Flamme erhitzen und so lange rühren, bis alle Feuchtigkeit von den Körnern gesogen ist, sie müssen ganz trocken sein. Das dauert ungefähr 5–8 Minuten. Ein leichter Duft nach gerösteten Nüssen sollte aus dem Topf aufsteigen. Jetzt vorsichtig das heiße Wasser zugießen. Der Brei beginnt sofort zu sprudeln und spritzen, das Wasser wird blitzartig von den Körnern aufgenommen, sie quellen dick auf und sind jetzt eigentlich fertig.

Nun sollte der Topf für 2 Stunden bei ca. 60 °C in den Backofen, damit die Körner in Ruhe ausquellen können. Danach haben die Körner eine hübsche Haselnussfarbe und duften unvergleichlich gut.

Die so vorbereiteten Buchweizenkörner sind eine Zutat für zahlreiche Vollwertmahlzeiten und sie ergänzen als Beilage Fleisch und Gemüsegerichte auf das vorzüglichste.

Buchweizenauflauf
mit Quark und Apfelmus

1 Ei
weißer Pfeffer aus der Mühle
Salz
1 Tasse Buchweizenkörner (250 ml)
2 Tassen heißes Wasser (500 ml)
200 g Quark
2 Eier
1 Tl Zucker
2 El Semmelbrösel
1 El Sahne
Fett für die Form

Für das Mus:
500 g Äpfel
125 ml Wasser

2 El Zucker
1 Tl Zimt

Den Buchweizen nach Originalrezept (siehe Seite 101) zubereiten und auskühlen lassen. Den Quark mit einem Ei und Zucker verrühren und unter den Brei ziehen.

Eine Auflaufform ausfetten und mit Semmelbröseln ausstreuen. Die Quarkmasse einfüllen und glatt streichen. Das zweite Ei mit der Sahne verrühren und den Auflauf damit bepinseln. Im Backofen bei 200 °C für 30 Minuten überbacken.

Äpfel schälen, vom Kerngehäuse befreien und klein schneiden. Mit Wasser, Zucker und Zimt in einen Topf geben und zu Mus zerkochen.

Den Auflauf in Scheiben schneiden und das Apfelmus separat reichen.

Kascha mit Pilzen

FÜR 4 PERSONEN

1 Ei
weißer Pfeffer aus der Mühle
Salz
1 Tasse Buchweizenkörner (250 ml)
2 Tassen Wasser (500 ml)
5 gehackte Zwiebeln
125 ml Geflügelfett oder Butter
500 g frische Cremechampignons
2 El fein gewiegte Petersilie

Buchweizen nach Originalrezept (siehe Seite 101) zubereiten und auskühlen lassen.
Die gehackten Zwiebeln in Geflügelfett oder Butter goldbraun braten. Die Pilze putzen und in feine Scheiben geschnitten zu den Zwiebeln geben. Kurze Zeit schmoren.
Mit dem Brei vermischen und durchziehen lassen. Mit Petersilie bestreut servieren.

Bulbenik

KARTOFFELKUCHEN MIT HEFE

FÜR 4 PERSONEN

---

1 kg Weizenmehl
125 ml warmes Wasser
1 Würfel Hefe (42 g)
Zucker für die Hefe
1,5 kg Kartoffeln
1 Ei
1 Eigelb
1 El Salz
125 ml neutrales Speiseöl

Das Mehl in eine große Schüssel sieben und eine Mulde hinein drücken. Im warmen Wasser die Hefe auflösen und den Zucker als Hefenahrung dazugeben, in die Mulde gießen und mit etwas Mehl bedecken. Diesen Vorteig 40 Minuten an einem warmen Ort gehen lassen.

Die Kartoffeln schälen und in der Küchenmaschine auf der feinen Scheibe reiben.

Den Kartoffelbrei etwas ausdrücken, die Flüssigkeit auffangen. Die Kartoffeln mit Ei, Eigelb, Salz und Öl mischen.

Den Hefeteig mit der Kartoffelmasse mischen und wiederum an einem warmen Ort ca. 30 Minuten aufgehen lassen.

Ein Backblech mit hohem Rand ausfetten, den Teig auftragen, glatt streichen und im vorgeheizten Backofen bei 200 °C auf der mittleren Einschubleiste 1 Stunde backen.

Sollte er zu schnell braun werden, die Hitze auf 180 °C reduzieren.

Reis mit gehackten Mandeln

FÜR 4 PERSONEN

1,5 Tassen Reis
Salz
2 El Pflanzenöl
5 El grob gehackte Mandeln
3 El Pinienkerne
3 El Honig
2 El Sojasoße
schwarzer Pfeffer aus der Mühle

Den Reis in einen Topf geben, mit 3 Tassen Wasser begießen, salzen und 20 Minuten im geschlossenen Topf bei kleiner Hitze kochen. Das Wasser muss ganz verkocht sein.

In einer Pfanne das Öl erhitzen, darin die Mandeln mit den Pinienkernen anrösten. Honig und Sojasoße unterrühren und mit dem Reis vermischen.

Mit Salz und Pfeffer abschmecken.

Ratzelech

KARTOFFELPUFFER

FÜR 4 PERSONEN

5 große Kartoffeln
1 große Zwiebel
1 Apfel
2 Eigelb
1 Prise Muskatnuss
1 Tl Salz
weißer Pfeffer aus der Mühle
2 El Weizenmehl oder Mazzemehl
2 Eiweiß
reichlich Pflanzenöl zum Ausbacken

Die Kartoffeln, Zwiebel und den Apfel ohne Kerngehäuse schälen und grob reiben. In ein Leinen- oder Baumwollküchentuch füllen und gut ausdrücken.

Den Brei mit dem Eigelb, Muskat, Salz, Pfeffer und Mehl gut vermischen.

Das Eiweiß steif schlagen und unter die Kartoffelmasse heben.

Das Pflanzenöl erhitzen und mit einem Esslöffel jeweils eine Portion Kartoffelmasse in das Öl geben. Auf beiden Seiten knusprig braun ausbraten und auf einem Teller mit Küchenpapier entfetten.

Rosinenmandel-Reis

3,5 Tassen Wasser
1 gute Prise Salz
1 Tasse Reis
1 Tasse Rosinen
1 Tasse Mandelblättchen
1 Messerspitze gemahlener Piment
1 Messerspitze gemahlene Nelke

Das Wasser mit Salz aufkochen. Den Reis mit den Rosinen und den Mandelblättchen zufügen, die gemahlenen Gewürze unterrühren und alles auf kleiner Flamme im geschlossenen Topf 20 Minuten köcheln.

Dieser Reis schmeckt hervorragend zu scharfen Lammspießchen.

Tal der Gemeinden in Yad Vashem

Schmorkartoffeln

5 große Kartoffeln
3 El Olivenöl
1 große gehackte Zwiebel
3 zerdrückte Knoblauchzehen
3 El Tomatenmark
Salz
schwarzer Pfeffer aus der Mühle
1 Tl getrockneter Oregano
250 ml Hühnerbrühe

Die Kartoffeln schälen und in Scheiben schneiden.

In einer Gusspfanne das Olivenöl erhitzen und die Zwiebel mit Knoblauch goldbraun anbraten. Den Pfannenboden etwas frei kratzen und das Tomatenmark darauf anrösten. Kartoffelscheiben, Salz, Pfeffer und Oregano dazu geben und gut mischen.

Mit der Hühnerbrühe auffüllen, so dass die Kartoffeln gerade bedeckt sind. Aufkochen, dann die Hitze reduzieren und ca. 20–25 Minuten köcheln, bis die Kartoffeln gar sind.

Kartoffelrolle mit Pilzen

FÜR 4 PERSONEN

600 g Kartoffeln
4 Eier
2 El Mazzemehl oder Weizenmehl
schwarzer Pfeffer aus der Mühle
Salz
geriebene Muskatnuss
2 Zwiebeln
400 g frische Champignons
30 g Butter
2 El fein gewiegte Petersilie

Die Kartoffeln schälen, in Salzwasser kochen und heiß durch die Kartoffelpresse drücken. Mit den Eiern, Mehl, Pfeffer, Salz und Muskat vermischen, der Kartoffelteig sollte eine feste Konsistenz haben. Ein großes Stück Klarsicht-folie auf die Arbeitsfläche legen, den Kartoffelteig darauf ausbreiten und glatt streichen.

Die Zwiebeln schälen und in Würfel, die Pilze putzen und in feine Scheiben schneiden. In der Butter zuerst die Zwiebel goldbraun anbraten, dann die Pilze zufügen. So lange braten, bis alle Flüssigkeit verdampft ist. Mit Pfeffer, Salz und Petersilie würzen.

Die Pilzmasse etwas abkühlen lassen und auf die Mitte vom Kartoffelteig geben. Mit Hilfe der Klarsichtfolie eine Rolle formen.

Ein Backblech mit Backpapier auslegen, die Rolle mit der Folie auf das Backblech legen und aus der Folie rollen.

Mit der restlichen Butter bestreichen und im Backofen bei 200 °C 20 Minuten goldbraun backen.

Zum Servieren mit zerlassener Butter beträufeln eventuell mit grünem Salat anrichten.

Kartoffeltäschchen mit Quark

FÜR 4 PERSONEN

1 kg Kartoffeln
3 El Weizenmehl
Salz
300 g abgetropfter Quark
2 El Zucker
1 Tl Vanillezucker
Fett zum Ausbraten
$^1/_8$ l Sahne

Die geschälten Kartoffeln kochen und abgießen, im Topf trocken dämpfen und durch die Kartoffelpresse drücken. Mit Mehl und einer Prise Salz gut vermischen und eine Rolle formen.

Die Kartoffelrolle in Scheiben schneiden und zu kleinen Fladen flach drücken.

Aus Quark, Zucker, Vanillezucker und einer Prise Salz die Füllung rühren und mit einem Teelöffel kleine Kleckse auf die Mitte der Kartoffelteigscheiben setzen. Die Ränder zusammendrücken und mit einer Gabel rundherum ein Muster in den Rand drücken.

Fett in einer Pfanne erhitzen und die Kartoffeltäschchen von beiden Seiten goldbraun ausbraten.

Die Sahne halbsteif schlagen, mit etwas Zucker süßen und zu den Quarktäschchen reichen.

Kartoffelauflauf

FÜR 4 PERSONEN

4 mittelgroße Eier
2 gehackte Zwiebeln
40 ml Öl
1 Tl Salz
schwarzer Pfeffer aus der Mühle
frisch geriebene Muskatnuss
1,5 kg Kartoffeln

Die Eier trennen. Das Eiweiß mit einer Prise Salz steif schlagen. Die gehackten Zwiebeln, Eigelb, Öl, Salz, Pfeffer und geriebene Muskatnuss in einer großen Schüssel gut vermischen.

Die Kartoffeln schälen, waschen und in der Küchenmaschine fein reiben. In ein Leinentuch geben und gut ausdrücken. Die Kartoffelmasse zu den anderen Zutaten in die Schüssel geben und gut verrühren.

Eine Auflaufform mit Öl auspinseln und die Kartoffelmasse einfüllen. Den Backofen auf 190 °C vorheizen. Den Auflauf in den Backofen stellen und eine gute Stunde backen. Er soll eine schöne braune Kruste haben.

Gemüse

Gemüse

Alles Gemüse dieser Welt wird im jüdischen Haushalt zubereitet. Mediteranes genau so wie heimisches, her-kömmliches. Es gehört zu den gesunden Genüssen und passt zu allen anderen Speisen. Kaufen Sie jedoch nie zuviel auf einmal, auch wenn das Angebot verlockend und günstig ist. Wenn man Gemüse nicht gleich verbrau-chen oder einfrieren kann, verliert es nach spätestens sieben Tagen im Kühlschrank an Vitaminen, Mineralien und Aroma. Zwei bis drei Tage im Kühlschrank, bei einer Lagertemperatur um 7 °C im Gemüsefach, ist das höchste an Lagerungsdauer. Spargel freut sich über ein feuchtes Baumwolltuch, in dem er eingewickelt im Gemüsefach seine Lagerzeit verbringt.

Marktszene – Mahane Yehuda – einer der großen Märkte in Jerusalem

Gestreifte Gewürzauberginen

FÜR 4 PERSONEN

1 kg Auberginen
Salz
125 ml Olivenöl
6 zerdrückte Knoblauchzehen
2 El Rosenpaprika
1 Tl geriebener Kreuzkümmel
2 zerriebene Sternanis
Saft von ½ Zitrone

Die Auberginen waschen und in regelmäßi-gen Abständen einige Längsstreifen der Haut herausschneiden. Die gestreiften Auber-ginen in 1 cm dicke Scheiben schneiden, salzen und in einem Sieb Saft ziehen lassen. Mit kaltem Wasser abspülen, leicht ausdrücken und trocken tupfen. In einer schweren Pfanne das Olivenöl erhitzen und darin die Auberginenscheiben goldbraun braten. Einen Teller mit Küchenpapier auslegen und die gebratenen Scheiben darauf entfetten. Auberginen, Knoblauch und Gewürze miteinander vermischen. Die so entstandene Mas-se in die Pfanne zurückgeben und so lange unter Rühren braten, bis alle Feuchtigkeit verkocht und nur noch ein wenig Olivenöl in der Pfanne übrig ist. Das restliche Olivenöl aus der Pfanne abgießen und die Auberginenmasse mit Zitro-nensaft würzen. In kleine Schälchen füllen und servieren.

Gefüllte Fenchelknollen

FÜR 4 PERSONEN

6 Fenchelknollen mit -grün
700 g Lammhackfleisch
1 Bund fein gewiegte Petersilie
2 zerdrückte Knoblauchzehen
gemahlener Kümmel
gemahlener Koriander
schwarzer Pfeffer aus der Mühle
Salz
Olivenöl zum Braten
3 Eier
2 El Semmelbrösel
400 ml Tomatensaft
1 Tl Selleriesalz

Die Fenchelknollen putzen und das Fenchel-grün beiseite stellen.

Die Fenchelknollen in ausreichend Salzwasser 20 Minuten gar kochen. Aus dem Wasser heben, abtropfen lassen und längs halbieren.

In einer Schüssel das Lammhackfleisch mit Petersilie, Knoblauch, Kümmel, Koriander, Pfeffer und Salz zu einem festen Teig verkneten.

Das Olivenöl in der Pfanne erhitzen und den Fleischteig darin braun und krümelig braten. Etwas abkühlen lassen.

Die Eier verquirlen und mit Semmelbröseln und Fleisch vermischen. Die 6 halbierten Fenchel mit der Schnittstelle nach oben in eine geölte Auflaufform setzen. Auf die Fenchelhälften die Lammfleischmasse geben und mit den restlichen Fenchelhälften bedecken.

Den Tomatensaft mit Selleriesalz würzen und den Fenchel damit übergießen.

Im vorgeheizten Backofen bei 200 °C ca. 20 Minuten backen. Das Fenchelgrün waschen, klein schneiden und über den Auflauf streuen.

Gebackener Fenchel mit Béchamelsoße

4 große Fenchelknollen mit -grün
1 Tl Pfefferkörner
1 Tl Dillkörner
1 Tl Fenchelsamen

Für die Soße:
45 g Butter
2 El Mehl
400 ml Milch
weißer Pfeffer aus der Mühle
Salz
frisch geriebene Muskatnuss

Die Fenchelknollen putzen und das Fenchelgrün beiseite stellen. Die Fenchelknollen in 2 Liter Wasser mit Pfefferkörnern, Dillkörnern und Fenchelsamen ca. 20 Minuten gar kochen. In dieser Zeit die Butter in einem Topf erhitzen und das Mehl einstreuen. Unter ständigem Rühren mit einem Schneebesen leicht anbräunen lassen und mit der Milch nach und nach aufgießen. Immer weiter rühren, bis alle Milch im Topf ist, die Soße sollte eine sämige Konsistenz haben. Mit Pfeffer, Salz und Muskat abschmecken.

Den Fenchel aus dem Wasser heben, abtropfen lassen, in Viertel schneiden und in eine gebutterte Form füllen. Mit der Soße übergießen und im Backofen 10–15 Minuten bei 250 °C überbacken. Das Fenchelgrün waschen und klein schneiden, über den gratinierten Fenchel streuen und servieren.

Gegrilltes Gemüse

250 ml Olivenöl
Saft und Fleisch von 2 Zitronen
2 Tl Dillkörner
1 Tl Fenchelsamen
1 Rosmarinzweig
schwarzer Pfeffer aus der Mühle
4 zerdrückte Knoblauchzehen
2 große gelbe halbierte Paprikaschoten
2 halbierte Zwiebeln
2 halbierte Tomaten
2 kleine, der Länge nach halbierte Zucchini
6 große Champignons

Das Olivenöl mit dem Saft und Fleisch der Zitronen den Gewürzen und Knoblauch mischen. Das Gemüse mit den Champignons in eine große Schüssel geben und mit der Marinade übergießen. 2 Stunden ziehen lassen und gelegentlich umrühren.

Den Backofen vorheizen und den Grill einschalten. Den Gitterrost auf ein Backblech legen und das marinierte Gemüse darauf verteilen. So lange grillen, bis das Gemüse Farbe annimmt und dann wenden.

Im Sommer sollte man dieses Gericht natürlich auf dem Holzkohlegrill zubereiten.

Dazu feuert man den Holzkohlegrill, bis die Kohle richtig glüht. Dann kommt ein Stück Alufolie auf den Rost und wird mit Olivenöl eingestrichen. Darauf legt man das vorbereitete Gemüse. Unter Wenden Farbe annehmen lassen und zum Grillfleisch genießen.

Eingelegte Auberginen

FÜR 4 PERSONEN

10 mittelgroße Auberginen mit Stängel
750 ml milder Rotweinessig
250 ml Olivenöl
10 gehackte Knoblauchzehen
1 Hand voll frische Oreganoblättchen
Salz
10 schwarze Pfefferkörner
10 rote Pfefferbeeren
1 gute Messerspitze gemahlener Kreuzkümmel
3 getrocknete Chilischoten

Die Auberginen waschen, den Stilansatz nicht entfernen. In jede Aubergine mit dem Messer zwei Seitenschnitte machen.

In Salzwasser ca. 10 Minuten kochen, bis sie weich sind. Die Auberginen abgießen, trocken tupfen und auskühlen lassen.

Ein größeres Einmachgefäß gut säubern und die Auberginen einlegen.

In einer Rührschüssel die anderen Zutaten mischen, mit 1 Liter Wasser auffüllen und über die Auberginen gießen, sie müssen vollständig bedeckt sein. Falls notwendig, noch Essig und Wasser angießen. Das Gefäß gut verschließen und bei Raumtemperatur 4 Tage durchziehen lassen.

Eine köstliche Beilage zu jeder Gelegenheit.

Pilz-Olivencreme

FÜR 4 PERSONEN

60 ml Olivenöl
1 gewürfelte Zwiebel
2 zerdrückte Knoblauchzehen
250 g fein gehackte, gemischte Pilze
schwarzer Pfeffer aus der Mühle
1 fein gehackte Chilischote ohne Samen
250 g entsteinte, fein gehackte grüne Oliven
4 El frische Brotkrumen
1 frisches Pitabrot

In einer Pfanne das Öl erhitzen und die Zwiebel mit Knoblauch anbraten. Pilze, Pfeffer und Chilischote dazugeben und sanft anbraten, bis alles gebräunt sind. Die Oliven und die Brotkrumen zufügen und unter ständigem Rühren 2–3 Minuten köcheln lassen.

Noch heiß auf frisches Pitabrot streichen.

Ein köstlicher Snack zu gut gekühltem, trockenem Weißwein.

Mangoldgemüse mit Zitronen

FÜR 4 PERSONEN

1 kg Mangold
125 ml Olivenöl
6 zerdrückte Knoblauchzehen
Saft und Fleisch von ½ Zitrone
schwarzer Pfeffer aus der Mühle
Salz
frisch geriebene Muskatnuss

Den Mangold waschen, abtropfen lassen und in mundgerechte Stücke schneiden. In einen Topf geben und mit Wasser bedeckt 5 Minuten gar kochen.

Wasser abgießen und den Mangold gut ausdrücken. In einer Pfanne das Öl erhitzen und den Knoblauch dünsten. Den Mangold dazu geben und bei kleiner Flamme 15 Minuten dünsten. Saft und Fleisch der halben Zitrone unterheben und mit Pfeffer, Salz und Muskat kräftig abschmecken.

Das Gemüse schmeckt heiß und kalt.

Zucchini mit Käsefüllung

FÜR 4 PERSONEN

4 Zucchini
250 g zerbröselter Feta oder Ziegenkäse
50 g geriebener Appenzeller
2 El Mehl
2 gehackte Knoblauchzehen
schwarzer Pfeffer aus der Mühle
Salz
2 El Semmelbrösel
30 g Butter
1 Tl Rosenpaprikapulver

Die Zucchini in reichlich Salzwasser 15 Minuten weich kochen. Abgießen, auskühlen lassen und der Länge nach halbieren, die Kerne mit einem Löffel auskratzen. In einer Schüssel die Käsesorten, das Mehl, Knoblauch, Pfeffer und Salz vermischen.

In einer gefetteten Auflaufform die Zucchini mit der Schnittfläche nach oben einfüllen und mit der Käsemasse füllen. Mit Semmelbröseln bestreuen und mit Butterflöckchen besetzen.

Unter dem heißen Grill braten, bis der Käse brutzelt und bräunt. Mit Paprika bestreuen und dazu einen würzigen Reis servieren.

Gewürzmarkt auf dem Suk in Tel Aviv

Grüner kalter Spargel mit Walnusscreme

FÜR 4 PERSONEN

1 kg grüner Spargel
100 g gehackte Walnüsse
5 El brauner Zucker
60 ml Sojasoße
60 ml milder Essig
2 El Sesamöl
weißer Pfeffer aus der Mühle
Salz

Den Spargel am Fuß gleichmäßig abschneiden und dünn abschälen, in kochendem Salzwasser 8 Minuten garen. Aus dem Wasser nehmen, gut abtropfen lassen und in eine ovale Form geben.

Aus den anderen Zutaten eine Creme herstellen und über den Spargel gießen. Die Form etwas rütteln, damit die Creme überall hinkommt, mit Klarsichtfolie abdecken und im Kühlschrank marinieren.

Auberginen mit Käse

1 große Aubergine
Olivenöl zum Backen und für das Backblech
4 Eier
150 g geriebener Bergkäse
3 gekochte, zerdrückte Kartoffeln
1 Bund fein gewiegte Petersilie
1 El frischer, gehackter Rosmarin
1 El frischer, grob gehackter Basilikum
2 große, geschälte und in Scheiben geschnittene
Tomaten
1 Tl Salz
schwarzer Pfeffer aus der Mühle

Die Aubergine in dünne Querscheiben schneiden. In Öl von beiden Seiten anbraten.

Die Hälfte auf ein mit Öl ausgepinseltes Backblech legen.

Aus Eiern, geriebenem Käse und zerdrückten Kartoffeln eine Mischung machen und auf den Auberginenscheiben verteilen. Mit den restlichen Scheiben belegen. Die Kräuter und die Tomatenscheiben darauf geben. Einige Tropfen Olivenöl darüber geben und ca. 1 Stunde bei 150 °C auf der mittleren Schiene backen, bis sich eine Kruste gebildet hat.

Strauchbohnen mit Nüssen

FÜR 4 PERSONEN

1 kg Strauchbohnen
3 El Olivenöl
2 gewürfelte Zwiebeln
3 zerdrückte Knoblauchzehen
200 g grob gehackte Walnüsse
1 El gehacktes Bohnenkraut
Salz
schwarzer Pfeffer aus der Mühle

Die Bohnen putzen und in Salzwasser 10 Minuten kochen, das Wasser abgießen und die Bohnen in Eiswasser abschrecken.

Olivenöl in einer Pfanne erhitzen, Zwiebeln und Knoblauch anbraten. Die Walnüsse mit den Bohnen dazugeben und vermischen. Mit Bohnenkraut, Salz und Pfeffer kräftig abschmecken.

Marinierte Paprikaschoten

3 große rote Paprika
3 große gelbe Paprika
1 große grüne Paprika
10 geschälte Knoblauchzehen
125 ml Essig
$^1/_2$ l Olivenöl
$^1/_2$ Tl Salz
schwarzer Pfeffer aus der Mühle
1 fein gehackte Chilischote

Die Paprikaschoten waschen, halbieren und die Kerne samt weißen Häutchen entfernen. In einem großen Topf reichlich Salzwasser aufkochen und die Paprikaschoten darin ca. 1 Minute kochen, herausheben und auf Küchenpapier abtropfen lassen.

Wer möchte, kann die Haut abziehen. Dies ist allerdings eine sehr arbeitsintensive Beschäftigung für Menschen mit starken Nerven.

Die Paprikaschoten zusammen mit den Knoblauchzehen in eine nicht zu flache Form schichten.

Aus Essig, Öl, Salz, Pfeffer und der Chilischote eine Marinade rühren und über die Paprika gießen. Die Marinade muss die Paprikahälften vollständig bedecken.

Mit Klarsichtfolie abdecken und für 3–4 Tage im Kühlschrank gut durchziehen lassen.

Vor dem Servieren rechtzeitig aus dem Kühlschrank nehmen, damit die Paprikaschoten und das Öl Raumtemperatur bekommen, nur so entfalten sie ihr unvergleichliches Aroma.

Gemüseauflauf

3 mittelgroße Kohlrabi
3 mittelgroße Zucchini
3 Möhren
2 große Kartoffeln
3 Eier
schwarzer Pfeffer aus der Mühle
1 Tl Salz
frisch geriebene Muskatnuss
3 in Ringe geschnittene Frühlingszwiebeln
Öl für die Auflaufform und zum Bestreichen

Kohlrabi, Zucchini, Möhren und Kartoffeln in der Küchenmaschine grob reiben. Die Eier verrühren, mit Pfeffer, Salz und Muskatnuss kräftig abschmecken. Das geriebene Gemüse mit den Frühlingszwiebeln und den Eiern gründlich mischen. Die Auflaufform mit Öl auspinseln und die Gemüsemasse einfüllen. Den Backofen auf 180 °C vorheizen. Den Auflauf mit Öl bestreichen und ca. 1 Stunde backen. Er darf nicht zu dunkel werden.

Gedünsteter Wirsing mit Sesam

FÜR 4 PERSONEN

1 ganzer Wirsing
1 El Salz
3 El Sesamöl
50 g Sesam
4 El Zitronensaft

Den Wirsing in feine Streifen schneiden, waschen, in eine Schüssel füllen und das Salz unterheben. Die Schüssel abdecken und 45 Minuten ziehen lassen. Danach den Kohl abseihen. In einem großen Topf das Sesamöl erhitzen, den Wirsing darin anschwitzen.

Sesam und Zitronensaft hinzufügen, gut vermischen und ca. 15 Minuten leise köcheln lassen. Der Wirsing sollte noch Biss haben.

Hülsenfrüchte

Hülsenfrüchte

Das typische Mittagessen am Sabbat ist der Tscholent. Ein Eintopf mit Bohnen, Perlgraupen und/oder Kartoffeln. Das langsame Garen der Speise ist ganz wichtig.

Die Tatsache, dass das jüdische Religionsgesetz das Entzünden von Feuer am Sabbat verbietet, führte dazu, dass Speisen im Backofen bei kleinster Hitze über Nacht gegart wurden.

Dadurch entwickelten sich alle Aromen auf das vortrefflichste, und wenn der Topfdeckel abgehoben wurde, entströmte dem Topf ein unglaublicher Duft.

Mus aus weißen Bohnen

FÜR 4 PERSONEN

500 g getrocknete weiße Bohnen
1 El Pflanzenfett
1 kleine gewürfelte Zwiebel
1 El Tomatenmark
weißer Pfeffer aus der Mühle
Salz
1 Prise Zucker
250 ml Gemüsebrühe

Die Bohnen über Nacht einweichen und am nächsten Tag mit frischem Wasser in 1 Stunde gar kochen (Bissprobe machen). Das Wasser abgießen und die Bohnen durch ein feines Haarsieb streichen. In einer Pfanne das Fett erhitzen und die Zwiebel darin goldbraun braten. Tomatenmark und das Bohnenmus dazugeben und mit Pfeffer, Salz und der Prise Zucker würzen. Bei schwacher Hitze nach und nach von der Gemüsebrühe dazugeben. Sie muss nicht ganz verbraucht werden, denn der Brei sollte nicht zu flüssig werden. Das Mus schmeckt sehr gut zu kleinen Lammkoteletts.

Bohnenfladen

FÜR 4 PERSONEN

200 g getrocknete weiße Bohnen
10 g Hefe
1 Prise Zucker
80 ml warmes Wasser
150 g Weizenmehl
Salz
1 Ei
Fett zum Ausbraten

Die Bohnen über Nacht einweichen, mit frischem Wasser 1 Stunde kochen (Bissprobe machen) und durch ein feines Haarsieb streichen. Die Hefe mit dem Zucker im warmen Wasser auflösen und mit Mehl, Salz und dem Ei mischen. Das Bohnenmus unterheben und an einem warmen Ort 10 Minuten gehen lassen. Das Fett in einer Pfanne erhitzen und aus dem Teig Fladen in gewünschter Größe backen. Die noch warmen Fladen mit scharf gewürztem Fleisch oder Gemüse füllen und servieren.

Rote Bohnen mit Pflaumendressing

FÜR 4 PERSONEN

500 g rote Bohnen (Konserve)
1 Knoblauchzehe
1 Messerspitze Chilipulver
1 Tl getrocknetes Basilikum
1 Tl fein gewiegte Korianderblätter
Salz
5 El Pflaumenmus aus dem Glas
3 El Weinessig

Die Bohnen unter fließendem Wasser gut abspülen, trocken tupfen und in eine Schüssel geben.

Im Mörser Knoblauch, Chilipulver, Basilikum und Koriander mit etwas Salz zu einer Paste verreiben. Das Pflaumenmus durch ein feines Haarsieb streichen und mit der Gewürzpaste mischen. Den Essig unterrühren und nochmals mit Salz abschmecken. Das fertige Dressing über die roten Bohnen geben und gut unterheben. Einige Stunden ziehen lassen.

Linsengemüse

FÜR 4 PERSONEN

500 g grüne oder gelbe Linsen
3 El Olivenöl
2 gewürfelte Zwiebeln
2 gewürfelte Möhren
1 Stange Staudensellerie, gewürfelt
3 fein gehackte Knoblauchzehen
2 Lorbeerblätter
1 Tl Salz
$^1\!/_2$ Tl Rosenpaprika
$^1\!/_2$ Tl getrockneter Thymian
$^1\!/_2$ Tl gemahlener Kreuzkümmel
schwarzer Pfeffer aus der Mühle
500 ml Gemüsebrühe
Saft und Fleisch von 1 Zitrone
1 Bund fein gewiegte Petersilie

Die Linsen in kaltem Wasser 1 Stunde einweichen und in frischem Wasser 1 Stunde gar kochen.

Das Olivenöl erhitzen und die Zwiebeln und Gemüsewürfel darin anbraten. Knoblauch und Gewürze zugeben und gut mischen. Die gar gekochten Linsen unterheben und die Gemüsebrühe angießen, weitere 30 Minuten köcheln lassen. Zum Schluss Zitronensaft und -fleisch unterrühren und noch mal mit Pfeffer und Salz abschmecken.

Mit Petersilie bestreut servieren.

Tscholent (Variation)

FÜR 4 PERSONEN

400 g weiße Bohnen
1,5 kg Rindfleisch (Bruststück)
Salz
weißer Pfeffer aus der Mühle
1 Tl Paprikapulver
1 Tl Weizenmehl
125 ml Pflanzenöl
300 g gewürfelte Zwiebeln
1,5 kg Kartoffeln
300 g Perlgraupen
2 Markknochen

Die Bohnen über Nacht in kaltem Wasser einweichen.

Das Fleisch in größere Würfel schneiden, mit Salz, Pfeffer, Paprikapulver und Mehl vermischen. In einem schweren Bräter das Öl erhitzen, darin das Fleisch von allen Seiten stark anbraten. Die gewürfelten Zwiebeln zufügen und ebenfalls Farbe nehmen lassen. Geschälte Kartoffeln in Würfel schneiden, waschen und mit den abgeseihten Bohnen, Perlgraupen und den Markknochen zum Fleisch geben. Den Bräter mit kaltem Wasser auffüllen, bis alles mit Flüssigkeit bedeckt ist, und zum Kochen bringen. Hitze reduzieren, ca. 1 Stunde köcheln lassen. Den Deckel auf den Bräter legen. Im vorgeheizten Backofen über Nacht bei ca. 100 °C garen lassen. Der Tscholent muss immer feucht sein, damit alle Zutaten langsam garen können. Am Morgen den Backofen ausschalten und den Schmortopf bis zum Mittagessen darin stehen lassen.

Kichererbsenplätzchen

250 g Kichererbsen
1 kleine gehackte Zwiebel
3 El fein gewiegte Petersilie
3 fein gehackte Knoblauchzehen
1 verquirltes Ei
1 El Mehl
reichlich Salz
schwarzer Pfeffer aus der Mühle
ausreichend Olivenöl zum Ausbacken
1 Tomate, in Scheiben geschnitten
1 Zwiebel, in Ringe geschnitten

Die Kichererbsen über Nacht in kaltem Wasser einweichen. In frischem, gesalzenem Wasser ca. 2 Stunden gar kochen, anschließend abgießen, das Kochwasser aber aufheben.

Die Kichererbsen mit Zwiebel, Petersilie und Knoblauch mischen und mit dem Pürierstab zu Brei verarbeiten. Etwas Kichererbsenwasser angießen, aber nicht zuviel, denn es darf nicht zu flüssig werden. Das Ei mit dem Mehl verrühren und unter die Kichererbsen mischen. Mit Salz und Pfeffer abschmecken.

In einer Pfanne reichlich Olivenöl erhitzen und mit einem Esslöffel den Teig in das heiße Öl setzen. Von beiden Seiten goldbraun ausbacken. Einen Teller mit Küchenpapier auslegen und die Kichererbsenplätzchen darauf entfetten. Tomatenscheiben und Zwiebelringe auf die noch heißen Plätzchen legen.

Eine köstliche kleine Zwischenmahlzeit.

Marinierte Kichererbsen

500 g Kichererbsen
Salz
2 Lorbeerblätter
2 hart gekochte Eigelb, durch ein Sieb gestrichen
125 ml Olivenöl
125 ml Rotweinessig oder Balsamico
2 fein gewürfelte Zwiebeln
4 gehackte Knoblauchzehen
3 El kleine Kapern
1 Bund fein gewiegte Petersilie

Die Kichererbsen über Nacht in kaltem Wasser einweichen. Mit frischem Wasser, Salz und Lorbeerblättern bei geringer Hitze ca. 2 Stunden kochen. Das Wasser abgießen und die Kichererbsen gut trocknen.

Aus Eigelb, Olivenöl und Essig eine Marinade rühren und mit Zwiebeln, Knoblauch, Kapern, der Hälfte der Petersilie und den Kichererbsen vermischen. Eine Nacht im Kühlschrank durchziehen lassen.

Wieder auf Zimmertemperatur erwärmt, mit der restlichen Petersilie bestreut servieren.

Teigwaren

Teigwaren

Jeder Knödelteig, egal ob aus Mazze oder Semmelbröseln, Kartoffeln oder Brandteig, muss wenigstens eine Stunde ruhen, bevor er verwendet wird. Der Teig wird dadurch elastischer und lässt sich anschließend besser verarbeiten. Verwenden Sie bei den angegebenen Rezepten mittelgroße Eier, damit der Teig nicht zu feucht wird.

Die handtellergroßen Piroggen sind nicht nur in der jüdischen Küche eine häufig anzutreffende Köstlichkeit. In Osteuropa gibt es sie süß oder sauer, scharf oder mild, mit Obst oder Quark gefüllt. Wir stellen zwei Varianten vor, die leicht nachzukochen sind.

Abendstimmung vor Jaffa

Suppenknödel

FÜR 4 PERSONEN

4 Eier
Salz
200 g Mazzemehl oder Semmelbrösel
weißer Pfeffer aus der Mühle
2 El fein gewiegte Petersilie

Die Eier mit Salz verquirlen. Mehl oder Brösel, Salz, Pfeffer und 1 Esslöffel Petersilie einrühren und ausquellen lassen.

Am Anfang sieht es ganz so aus, als ob die Masse zu flüssig wäre. Aber das gibt sich schnell, die Brösel nehmen die Feuchtigkeit rasch auf. Waren die Eier allerdings zu groß, muss man noch ein wenig Brösel zugeben. Waren die Eier zu klein und der Teig ist krümelig, dann muss noch eins in den Teig.

Mit einem Esslöffel Teig abstechen und mit angefeuchteten Händen einen kleinen Knödel formen und in die dafür vorgesehene Fleisch-, Geflügel- oder Gemüsebouillon gleiten lassen.

In der Suppe aufkochen und auf kleiner Hitze so lange ziehen lassen, bis die Knödel oben schwimmen.

Die Suppe in Tellern anrichten und mit Petersilie bestreut zu Tisch bringen.

Knödelchen aus Brandteig

FÜR 4 PERSONEN

100 ml Milch
2 El Butter
150 g Weizenmehl
3 Eigelb
$^1/_2$ Tl Salz
1 Tl Zucker
3 Eiweiß
2 Tl Zimt
200 ml Sahne

Die Milch kochen, 1 El Butter und das Mehl zugeben und so lange rühren, bis sich der Teig vom Topfboden löst. Den Teig in eine Schüssel füllen und abkühlen lassen. Die Eidotter nacheinander einrühren, Salz und Zucker zugeben. Zum Schluss das steif geschlagene Eiweiß unterheben. Mit einem Teelöffel kleine Knödelchen abstechen und im Salzwasser garziehen lassen. Die Knödel sind gar, wenn sie an die Oberfläche kommen.
Die Knödelchen mit Zimt bestreuen und mit geschlagener Sahne servieren.

Kreplech

GEFÜLLTE NUDELTASCHEN

FÜR 4 PERSONEN

Für den Nudelteig:
200 g Mehl
2 Eier
1 El Olivenöl
Salz

Für die Füllung:
1 Tl Fett
200 g Rinderhackfleisch
1 fein gewürfelte Zwiebel
schwarzer Pfeffer aus der Mühle
Salz
1 Tl getrockneter Majoran
1 kleines Ei

Das Fett in einer Pfanne erhitzen, das Hackfleisch mit der Zwiebel darin krümelig braten, mit Pfeffer, Salz und Majoran würzen. Die Masse abkühlen lassen und das verquirlte Ei unterrühren. Das Mehl mit Ei, Öl und Salz verkneten und ruhen lassen. Auf eine Arbeitsfläche etwas Mehl stäuben. Mit einem Nudelholz den Teig so dünn wie möglich ausrollen und mit einem Messer kleine Quadrate ausschneiden. In die Mitte der Nudelteigquadrate jeweils einen Teelöffel Hackmasse setzen und die Teigränder darüber zusammen klappen. Mit einer Gabel den Rand zusammen drücken. In reichlich Salzwasser 10 Minuten kochen. Mit dem Schaumlöffel abfischen. Entweder als Suppeneinlage oder als eigenständiges Gericht mit gebratenen Zwiebelwürfeln bestreut servieren.

Kartoffelpiroggen

FÜR 4 PERSONEN

Für den Nudelteig:
200 g Mehl
2 Eier

Für die Füllung:
Butter zum Braten
500 g gewürfelte Zwiebeln
1 kg Kartoffeln, gekocht
und durch die Kartoffelpresse gedrückt
30 g getrocknete Steinpilze
weißer Pfeffer aus der Mühle
Salz
frisch geriebene Muskatnuss
1 Eiweiß
50 g zerlassene Salbeibutter

Den Nudelteig zubereiten, dünn ausrollen und mit einem großen Glas Kreise ausstechen. Die Zwiebeln in Butter goldbraun braten und mit den Kartoffeln mischen. Die Steinpilze in heißem Wasser einweichen, klein schneiden und zu der Kartoffelmasse geben, mit Pfeffer, Salz und Muskat herzhaft würzen.

Würzen Sie nicht zu sparsam, die Masse verträgt viel. Ist die Nudeltasche erst einmal gefüllt, wird Nachwürzen unmöglich.

Mit einem Löffel Kartoffelkleckse auf die Nudelkreise setzen, den Rand mit Eiweiß bestreichen und die Ränder zusammen drücken. Mit Hilfe einer Gabel kann man ansprechende Muster in den Rand prägen. In einem großen Topf Wasser zum Sieden bringen und die Piroggen 5 Minuten kochen. Mit einem Schaumlöffel abfischen und mit Salbeibutter beträufeln.

Frische Teigwaren auf dem Mahane Yehuda Markt

Süße Piroggen

Nudelteig wie für die Kartoffelpiroggen
(siehe Seite 135)

Für die Füllung:
500 g Schichtkäse
4 El Zucker
2 Eier
50 g Rosinen, in Rum getränkt
oder in Wasser eingeweicht
1 Eiweiß
200 ml Sauerrahm
geschmolzene Butter

Die süßen Piroggen werden kleiner geformt als ihre scharfen Schwestern.
Den Nudelteig ausrollen und mit einem kleinen Glas Kreise ausstechen.
Aus Schichtkäse, Zucker, Eiern und Rosinen einen Teig rühren. Kleine Kleckse auf die Nudeln setzen. Ränder wieder mit Eiweiß bestreichen und verschließen.
In einem Topf mit siedendem Wasser 5 Minuten kochen und mit einem Schaumlöffel abschöpfen. Mit Sauerrahm und geschmolzener Butter servieren.

Süßer Lokschenkigl

SÜSSER NUDELAUFLAUF

500 g dünne Fadennudeln (Suppennudeln)
4–5 El Pflanzenöl
200 g Zucker
50 g Honig
5 Eier
1 Tl Salz
1 Tl Zimt
1 Tl gemahlener schwarzer Pfeffer

Die Nudeln ca. 5 Minuten in sprudelndem Salzwasser kochen, in ein Sieb abgießen und in eine Schüssel füllen.

Das Pflanzenöl in einer Pfanne erhitzen und den Zucker einrieseln lassen. Der Zucker muss karamelisieren. Den Honig zufügen, gut vermischen, über die Nudeln gießen und gut vermischen. Alle Nudeln müssen mit der Zuckermischung überzogen sein.
Die Eier mit Salz, Zimt und schwarzem Pfeffer schaumig aufschlagen, über die Nudeln geben. Nochmals gut vermischen.
Eine Auflaufform ausbuttern, die Nudelmischung einfüllen und in den auf 180 °C vorgeheizten Backofen schieben. Auf mittlerer Schiene 45–50 Minuten backen, bis der Auflauf eine goldene Kruste hat.

Mazzeknödel

180 g Mazzemehl
1 Tl Salz
150 ml kaltes Wasser
4 mittelgroße Eier
1 Bund fein gewiegte glatte Petersilie

Das Mazzemehl mit Salz und Wasser mischen und einen Teil daraus rühren. Die Eier verschlagen, mit der fein gewiegten Petersilie unter den Teig heben.

In einer abgedeckten Schüssel für 2–3 Stunden in den Kühlschrank stellen.

Aus dem Teig mit feuchten Händen ca. 10–12 kleine Knödelchen formen.

In einem großen Topf Salzwasser aufkochen und die Knödelchen hineingeben.

Die Hitze reduzieren. Nach ca. 20 Minuten schwimmen die Knödel an der Oberfläche und sind gar.

Sie sind eine wunderbare Einlage in der Hühnersuppe.

Altes Straßenschild in Jerusalem

Kuchen und Brot

Kuchen und Brot

Das erste biblische Brot, das Manna, fiel bekanntlich vom Himmel.

Zu vielen Anlässen und an Feiertagen werden besondere Brote gebacken. Zum Sabbat gehört das geflochtene Challa, zum Neujahrsfest werden die Hefezöpfe in eine runde Form gebracht und mit Mandelstückchen, Mohn, Sesam oder Zucker bestreut.

Achten Sie bitte darauf, dass beim Backen alle Zutaten die gleiche Temperatur haben. Und machen Sie sich ruhig die Mühe, das Mehl vorher zu sieben. Sie werden sehen, dass kleine, spelzige Teilchen in Ihrem Sieb zurückbleiben, außerdem wird das Gebäck so luftiger.

Leichte Schokoladentorte

Diese Torte heißt nicht etwa so, weil sie kalorienarm wäre, vielmehr zergeht sie auf der Zunge und ist in ihrer luftigen Beschaffenheit ein echter Backtraum.

8 Eigelb
200 g Zucker
5 El Kakao
2 cl Orangenlikör
Saft von 1 Orange
200 g gemahlene Haselnüsse
180 g Zwieback- oder Mazzenbrösel
8 Eiweiß
Salz
Puderzucker zum Bestreuen

Die Eidotter mit dem Zucker schaumig rühren. Den Kakao im Orangenlikör und -saft auflösen und zur Eimasse geben. Die Nüsse und die Brösel unterrühren, das Eiweiß mit etwas Salz zu sehr steifem Eischnee schlagen und unter die Tortenmasse ziehen.

In eine beschichtete Springform (28 cm), die auf dem Boden mit Backpapier ausgelegt ist, füllen und 55–60 Minuten bei 180 °C backen. Mit einem Holzstäbchen hineinstechen und prüfen, ob noch flüssiger Teig beim Herausziehen daran hängen bleibt. Die fertige Torte aus dem Ofen nehmen, auf ein Gitter stürzen und das Backpapier abziehen. Auskühlen lassen und mit Puderzucker bestreut servieren.

Honigkuchen mit Walnüssen

Marktstände vor der Grabeskirche

225 g feinster Zucker
5 El Honig
Saft von 1 Zitrone
1 Tl Zimt
225 g gesiebtes Mehl
1 Tl Backpulver
225 g gehackte Walnüsse
50 g Butter
4 Eigelb
4 Eiweiß
Salz

Für den Sirup in einem kleinen Topf 180 ml Wasser erhitzen und mit der Hälfte des Zuckers kochen. So lange köcheln, bis sich der Zucker ganz aufgelöst hat. Honig, Zitronensaft und die Hälfte des Zimts unterrühren und weitere 5 Minuten köcheln lassen. Den Topf vom Herd nehmen und kühl stellen.

Mehl, Backpulver und die Hälfte der Nüsse mit dem restlichen Zimt mischen.

In einer Schüssel die Butter mit dem restlichen Zucker schaumig rühren, das Eigelb nach und nach einarbeiten. Die Mehl-Nuss-Mischung dazugeben und gut verrühren.

Das Eiweiß mit einer Prise Salz steif schlagen und vorsichtig unter die Nussmasse heben. Eine Kastenform ausbuttern und den Teig einfüllen, mit den restlichen Nüssen bestreuen.

Bei 190 °C ca. 50 Minuten backen. Mit einem Holzstäbchen hineinstechen. Der Kuchen ist fertig, wenn beim Herausziehen kein Teig am Stäbchen hängen bleibt.

Noch in der Form in quadratische Portionsstücke schneiden, mit dem abgekühlten Sirup übergießen und über Nacht stehen lassen.

Birnen-Ingwer-Torte

200 g weiche Butter
500 g brauner Zucker
300 g Mehl
1 Tl gemahlener Ingwer
1 Tl gemahlener Zimt
3 verquirlte Eier
6 feste Birnen, geschält,
halbiert, ohne Kerngehäuse
und in feine Scheiben geschnitten
50 g gehackter kandierter Ingwer
200 ml süße Sahne

Die Butter mit ⅔ des Zuckers mischen und cremig aufschlagen. Mehl, Ingwerpulver und die Hälfte des Zimts mischen und nach und nach unter die Butter ziehen.

Die Eier dazugeben und den Teig verrühren. In eine gebutterte Tortenbodenform (26 cm) füllen und glatt streichen. Bei 200 °C ca. 20 Minuten backen. Auf ein Gitter stürzen, gut auskühlen lassen.

Den restlichen Zucker in einen Topf füllen und mit 5 El Wasser erhitzen. So lange rühren, bis sich der Zucker ganz aufgelöst hat.

Die Birnen und den restlichen Ingwer in die Zuckerlösung geben und 15 Minuten köcheln lassen, bis die Birnen weich sind. Den Deckel vom Topf nehmen und die Flüssigkeit einkochen, bis sie wie eine Glasur aussieht. Die Glasur abkühlen lassen und die Birnen auf den Tortenboden legen.

Mit kandiertem Ingwer bestreuen und mit geschlagener Sahne servieren.

Bagels am Damaskus Tor

Challah

Challah wird für den Sabbat und die Feiertage gebacken. Ein üppiges Weißbrot, das mal als Zopf mal als Brotlaib angeboten wird. Vollkommen ist die Challah, wenn sie außen dunkelbraun und innen flockig, goldgelb oder rein weiß ist.

Dieses Brot kann als Sandwich mit Fleisch und Salat belegt eine ganze Mahlzeit ersetzen.

Nahezu unwiderstehlich ist es mit Butter und Honig bestrichen.

Für den Teig:
1 El Trockenhefe
1 El Zucker
70–80 ml warmes Wasser
1 El Salz
2 El Pflanzenöl
2 Eier
2 Eigelb
800 g Mehl

Für die Glasur:
1 Ei
1 Prise Salz
1 Prise Zucker
1 El Mohnsamen

Die Hefe mit Zucker in einer Schüssel mischen und langsam das Wasser unterrühren.

Die Oberfläche der Mischung mit wenig Mehl bestäuben. Mit einem Küchentuch bedeckt 10-15 Minuten an einen warmen Ort stellen, bis sie schaumig ist und Blasen wirft.

Das Salz, das Öl, die Eier und das Eigelb unter die Mischung schlagen. Unter ständigem Rühren das Mehl zugeben. Den Teig gut durchkneten, bis er nicht mehr klebt. Den Teig in eine Schüssel geben, die man vorher leicht ausgefettet hat. Auf die Oberfläche ein wenig Öl spritzen. Mit einem Tuch abdecken und für 2 Stunden an einen warmen Ort stellen. Der Teig sollte in der Zwischenzeit seine Größe verdoppeln.

Den Teig in zwei Teile, jedes erhaltene Teil in drei Teile aufteilen. Aus den jeweils drei Teilen Rollen formen und daraus Zöpfe legen. Die beiden so gefertigten Zopflaibe weitere zwei Stunden an einen warmen Ort stellen.

Für die Glasur das Ei mit Salz und Zucker mischen und mit einem Pinsel auf die Laibe auftragen. Mit Mohnsamen bestreuen.

Den Backofen auf 190 °C vorheizen. Die Laibe in den Backofen schieben und 40 Minuten lang backen. Auskühlen lassen und genießen.

Flechten einer Challah

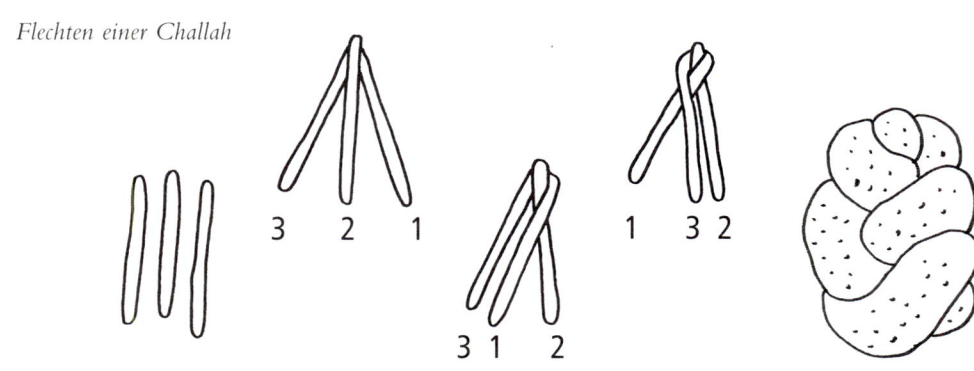

Palastbrot

225 Honig
125 g Zucker
125 g Butter
300 g frische Weißbrotkrumen

In einem Topf Honig und Zucker mit der Butter erhitzen. Die Mischung sollte recht dicklich sein.

Die Brotkrumen hinzufügen und unter ständigem Rühren zu einer glatten Masse verkochen.

In eine gefettete Kastenform füllen, glatt streichen und auskühlen lassen. Zum Servieren in dreieckige Stücke schneiden und auf Schlagsahne anrichten.

Fladenbrot mit Kümmel

250 g Weizenmehl oder Vollkornmehl
1 gute Prise Salz
1 Prise gemahlener Kardamom
2 Tl Kümmel
200 ml heißes Wasser
Öl für die Pfanne

Das Mehl mit den Gewürzen mischen. Heißes Wasser angießen und einen glatten Teig kneten. Wird Vollkornmehl verwendet, muss länger geknetet werden.

Den fertigen Teig mit einem Tuch bedecken und ca. 1 Stunde an einem warmen Ort gehen lassen.

Danach den Teig noch einmal kneten und in 10–12 Stücke teilen. Mit den Händen daraus dünne Fladen formen. Eine Pfanne mit dickem Boden leicht mit Öl auspinseln und stark erhitzen. Die einzelnen Fladen in die Pfanne geben und so lange braten, bis die gebratene Seite eine braune Farbe annimmt. Den Fladen wenden und weiterbraten.

Bei jedem neuen Fladen den Ölfilm in der Pfanne erneuern.

Zum Schluss alle Fladen auf ein Backgitter legen und im Backofen von beiden Seiten kurz grillen.

Brot mit Oliven und Rosmarin

500 g Mehl
42 g Hefe
1 Tl Zucker
1 Tl Salz
300 ml warmes Wasser
5 El Olivenöl
250 g entsteinte, in Scheiben geschnittene
schwarze Oliven
1 El frisch gehackte Rosmarinnadeln

Das Mehl in eine Schüssel sieben und in die Mitte eine Vertiefung drücken. Die Hefe mit Zucker und etwas Wasser in einer Tasse auflösen und in die Mulde gießen. Etwas Mehl darüber geben. Diesen Vorteig ca. 10 Minuten gehen lassen. Das Salz auf das Mehl streuen, das Wasser mit 2 El Olivenöl mischen und danach unter ständigem Rühren mit dem Mehl vermischen. Den Teig so lange kneten, bis er nicht mehr an den Fingern klebt. Aus dem Teig eine Kugel formen, in eine Schüssel legen und mit etwas Olivenöl bestreichen. Mit einem Tuch bedeckt an einem warmen Ort 1 Stunde gehen lassen. Der Teig muss sein Volumen verdoppeln.

Dann das restliche Öl, die Oliven und die Rosmarinnadeln in den Teig einarbeiten. Zur Kugel geformt wieder in die Schüssel legen – er muss jetzt eine weitere Stunde ruhen.

Den Backofen auf 200 °C vorheizen, dabei eine Schale mit Wasser in den Backofen stellen. Den Brotlaib auf ein bemehltes Backblech legen und auf der mittleren Einschubleiste ca. 40–45 Minuten backen.

Eierspeisen

Eierspeisen

Für Juden, die in den Ostgebieten wie Litauen, Polen oder der Ukraine lebten, gehörten gefüllte Eier zu jeder Tafel. Enten-, Hühner- und Wachteleier ließen sich hart gekocht mit der Schale, die leicht angebrochen wurde, in einen süß-sauren Sud einlegen und hielten sich über viele Tage frisch.

Gefüllte Eier

8 hart gekochte Eier
3 El gehackte Gewürzgurken
3 El Rahmkäse (Ricotta oder anderer
Doppelrahmkäse)
2 El Mayonnaise
1 El Senf
1 El fein gewiegte Petersilie
Salz
weißer Pfeffer aus der Mühle

Die Eier halbieren, das Eigelb heraus heben und mit den anderen Zutaten zu einer glatten Creme rühren. Die Masse in einen Spritzbeutel mit großer Öffnung geben und die halbierten Eier damit füllen. Für eine Stunde in den Kühlschrank stellen.
Auf einem Teller mit Salatblättern anrichten.

Süß-saure Eier

10–12 hart gekochte Eier
2 El Salz
20 schwarze Pfefferkörner
3 El Senfkörner
3 El brauner Zucker
200 ml Rotweinessig

Die Eier hart kochen und unter kaltem fließendem Wasser abschrecken, damit sich das Häutchen zwischen Schale und Ei löst.
In einem Topf 1 Liter Wasser mit Salz, Pfefferkörnern, Senfkörnern, Zucker und Rotweinessig aufkochen.

Die Eierschalen rundherum eindrücken, in ein Glasgefäß legen und mit dem Rotweinessigsud aufgießen. Nun müssen die Eier 24 Stunden kühl gestellt im Sud liegen.
Der Rotweinessig zieht in die Eier ein und verleiht ihnen ein hübsches Marmormuster.
Zum Essen werden die Eier gepellt und halbiert. Das Eigelb herausnehmen, in die Mulde kommt entweder Senf, Pfeffer, Remouladensoße oder Essig und Öl. Das Eigelb wieder auf die Eiweißfüllung legen und mit einem Bissen das Ganze verspeisen.

Pochierte Eier im Joghurtbett

FÜR 4 PERSONEN

400 ml zimmerwarmer Joghurt
2 zerdrückte Knoblauchzehen
Salz
weißer Pfeffer aus der Mühle
30 g Butter
1 Tl Rosenpaprika
3 El Essig
4 Eier

Den Joghurt mit Knoblauch, Salz und Pfeffer gut mischen und auf 4 Portionsförmchen verteilen.

In einem kleinen Pfännchen die Butter schmelzen und mit Paprika mischen.
In einem Topf 15 cm hoch Wasser einfüllen, Essig und Salz zugeben und aufkochen.
Ein Ei aufschlagen und über eine Tasse in das sprudelnd kochende Wasser gleiten lassen.
Bei jedem Ei, das pochiert werden soll, muss das Wasser wieder sprudeln. Mit einem Löffel die Eiränder ein wenig zusammenschieben. Nach ca. 5 Minuten ist das Ei innen wachsweich und fertig. Mit dem Schaumlöffel aus dem Wasser heben und in die vorbereiteten Portionsförmchen legen.
Mit der geschmolzenen Paprikabutter beträufeln und sofort servieren.

Salat von eingelegten Wachteleiern mit Oliven und Nüssen

FÜR 4 PERSONEN

20 Wachteleier
250 ml weißer Balsamico-Essig
1 Tl Salz
1 geschälte halbierte Zwiebel
1 Lorbeerblatt
1 Tl frische Thymianblättchen
1 Tl weiße Pfefferkörner
1 Kopf Lollo Rosso-Salat
$^1/_2$ Tasse gehackte Haselnüsse
$^1/_2$ Tasse halbierte Oliven

Für die Vinaigrette:
2 El weißer Balsamico-Essig
4 El Olivenöl
1 Tl Dijon-Senf
1 Tl Honig
schwarzer Pfeffer aus der Mühle
1 Prise Salz

Die Wachteleier in ca. 5 Minuten hart kochen. Mit kaltem Wasser abschrecken, schälen und in ein Schraubglas füllen.
Essig, Salz, Zwiebel, Lorbeer, Thymian und Pfefferkörner vermischen, in einem kleinen Topf erhitzen, von der Flamme ziehen und gut abkühlen lassen. Sud durch ein Sieb geben und über die geschälten Eier gießen. Mit heißem Wasser auffüllen das Glas gut verschließen und für 3–4 Tage in den Kühlschrank stellen.
Teller mit dem geputzten Salat auslegen, die halbierten Wachteleier mit den Haselnüssen und den Oliven auf dem Salat anrichten.
Aus den Zutaten wie angegeben eine Vinaigrette rühren, über Wachteleier und Salatblätter verteilen.

Desserts

Desserts

Überlegen Sie schon, bevor Sie ein Dessert zubereiten, welcher Wein am besten dazu passen könnte. Hier einige Anregungen:

Zur Apfelsahnecreme passt ausgezeichnet ein Elsässer Gewürztraminer oder ein Moscatels aus Spanien.

Das Granatapfel-Sorbet wäre hervorragend begleitet mit einem Sauternes aus Bordeaux.

Die Honigcreme fände ihre absolute Ergänzung in einem süffigen Tokajer aus Ungarn.

Oder aber Sie finden bei Ihrem Weinhändler Weine aus der Golan-Höhen-Kellerei (Golan Heights Winery). Die hat zwei hervorragende Dessertweine anzubieten, nämlich den „Late Harvest Sauvignon Blanc" und den „Muscat", welche sich beide wegen ihrer reichen, weichen Süße nicht hinter den bekannten Weinsorten verstecken müssen.

Es würde aber auch zu allen Desserts ein Glas halbtrockener Sekt passen.

Honigcreme

100 g Zucker
100 g Honig
350 ml lieblicher Weißwein
$^1/_2$ Tl Zimt
1 Tl geriebene Zitronenschale
2 Eigelb
4 Eier

In einer Pfanne langsam den Zucker mit 2 Esslöffeln Wasser erhitzen. Unter ständigem Rühren karamellisieren lassen. In eine Terrinenform gießen, der Boden der Form sollte ganz bedeckt sein. Das Karamell anschließend kühl stellen. Honig und Wein in einen Topf füllen und langsam erhitzen. So lange rühren, bis der Honig vollständig aufgelöst ist. Zimt und Zitronenschale zufügen und unterrühren.

Das Eigelb mit den Eiern verquirlen und unter die Honigmischung heben, kräftig aufschlagen und die Masse in die Terrinenform füllen.

Die Terrinenform in ein hohes Gefäß setzen und das Wasser auf 1 cm an den Terrinenrand angießen. In den Backofen schieben und bei 180 °C ca. 45 Minuten backen. Abkühlen lassen und über Nacht in den Kühlschrank stellen.

Vor dem Servieren mit einem Messer die Creme vom Rand lösen und in Portionen schneiden.

Auf Dessertteller anrichten und auftragen.

Granatapfel-Sorbet

200 g Zucker
2 Eiweiß
200 g Granatapfelkerne, leicht zerdrückt
Saft von 2 Zitronen
Minzeblätter

1 Liter Wasser mit dem Zucker in einen Topf geben, erhitzen und unter ständigem Rühren den Zucker auflösen. Abkühlen lassen und das Eiweiß unterrühren. Ins Eisfach stellen, bis der Sirup fast gefriert. Die Granatapfelkerne und den Zitronensaft unterrühren und wieder anfrieren lassen, dann umrühren. Alle 30 Minuten umrühren, bis die Konsistenz eines Sorbets erreicht ist. In Sektschalen füllen und mit Minzeblättern garniert servieren.

Apfelsahnecreme

6 geschälte und entkernte Äpfel
500 ml Weißwein
300 g Zucker
1 Tl abgeriebene Zitronenschale
1 Messerspitze Vanillemark
1 Tl Zimt
25 g Gelatine
125 ml lieblicher Sherry
200 ml steif geschlagene süße Sahne
Minzeblätter zum Garnieren

Die Äpfel mit Wein, Zucker, Zitronenschale, Vanillemark und Zimt mischen und köcheln lassen, bis die Äpfel weich sind, anschließend mit dem Pürierstab pürieren. In einem Topf die Gelatine im Sherry einweichen und erhitzen. Unter das Apfelmus ziehen und gut umrühren, abkühlen lassen. Sobald das Mus fest wird, die steif geschlagene Sahne unterheben und in hübsche Schalen füllen.
Mit Minzeblättchen garnieren.

Honigkuchen

6 Eier
150 g Zucker
1 El löslicher Kaffee
140 g Mehl
50 g grob gehackte Haselnüsse
30 g gemahlene Haselnüsse
30 g gemahlene Mandeln
1 Tütchen Backpulver
100 g neutrales Öl
150 g Honig
Öl für die Form

Die Eier trennen. Das Eiweiß sehr steif schlagen. Das Eigelb mit dem Zucker und dem Kaffeepulver in einer Schüssel schaumig rühren. Nacheinander das Mehl, gehackte und gemahlene Nüsse und Mandeln, Backpulver, Öl und den Honig zugeben und gut mischen.

Das steif geschlagene Eiweiß unterheben. Eine dunkle Kastenform mit Öl auspinseln und den Teig einfüllen. Bei 190 °C ca. 1 Stunde backen. Mit dem Holzstäbchen eine Garprobe machen. Bleibt kein Teig mehr beim Herausziehen am Holzstäbchen kleben, ist der Kuchen gar. In der Form auskühlen lassen dann erst herausheben.

Wein

Koscherer Wein – eine lange Geschichte

Schon seit biblischen Zeiten, als die Hebräer das alte Ägypten verließen und sich im Lande Kanaan niederließen, gab es eine Weinproduktion.
Wie in der gesamten Antike und im Mittelalter waren die Weine im Vergleich zu heutigen Standards allerdings von minderer Qualität und mussten mit Honig, Wacholderbeeren und Pfeffer gewürzt werden, um überhaupt genießbar zu sein. So kann man im Nachhinein nicht besonders traurig darüber sein, dass die muslimischen Eroberer Palästinas im 7. Jahrhundert die einheimische Weinproduktion für die nächsten 1.200 Jahre verboten.

Als im Jahre 1870 unter der Ägide von Baron Edmond de Rothschild von Lafite-Rothschild eine Stiftung mit großem Geldwert gegründet wurde und damit die Möglichkeit für jüdische Winzer gegeben war, die koschere Weinproduktion wieder aufleben zu lassen, war das noch lange keine Garantie für Qualität. Flach, süß und wenig attraktiv fristeten sie auf dem Weinmarkt ein Mauerblümchendasein. Vielerorts wurde der Wein mit Hustensaft oder Rheumaeinreibemittel verglichen. Bis in die späten 1960er-Jahre hatte sich der koschere Wein nicht von seinem schlechten Ruf erholen können.

Heutzutage hat jüdischer Wein seinen faden Beigeschmack abgelegt und kann sich in der globalen Weinszene als durchaus konkurrenzfähig behaupten. Viele der einheimischen Rot- und Weißweine sind ebenso hochwertig wie die Qualitätsweine aus der Neuen Welt, also Kalifornien oder Australien. Man sagt sogar, dass jüdische Weine den Vergleich mit französischen Weinen nicht zu scheuen brauchen, denn sie sind teilweise genau so fruchtig, spritzig und elegant und von unglaublicher Harmonie. Heute gehören hohe Qualität und ein aromareiches Bouquet zum israelischen Weinstandard und machen den Wein damit zu einer wahren Gaumenfreude.

Dank der von Baron Edmond de Rothschild gegründeten Stiftung stehen heute auf rund 5000 Hektar israelischem Land Weinreben; die eine Hälfte dient der Wein-, die andere Hälfte der Tafeltraubenproduktion. Die Weinberge sind vor allem mit Cabernet Sauvignon, Chardonnay, Carignan, Grenache, Merlot und Sémillon bestockt. Auf den Ausläufern der Golanhöhen, etwa 1000 Meter über dem Meeresspiegel, ist die „Golan Heights Winery" angesiedelt, sie wurde 1983 eröffnet. Ohne Einschränkungen durch eine schwerfällige Bürokratie oder veraltete Winzertraditionen importierte der junge Winzerbetrieb kräftige und widerstandsfähige Weinreben aus der Neuen Welt. Weinstöcke, die sich in Kalifornien gegen Schädlinge wie die Reblaus, Rebkrankheiten wie den echten Mehltau oder sogar Viruserkrankungen wie den Blattrollvirus als resistent erwiesen haben, wurden zum Weinanbau eingesetzt. Mit unglaublichem Engagement bauten junge Winzer, die zum großen Teil ihre Weinbaukenntnisse in Kalifornien oder Argentinien erlangt haben, einen koscheren Weinbetrieb auf, der im positiven Sinn viele Nachahmer gefunden hat.

Hier einige der im Sinne von „Golan Heights Winery" produzierenden Weinkellereien, deren Produkte auch in Deutschland zu finden sind: Carmel-Mzrachi, Segal, Barkan, Baron, Tishby, Binyamina, Ephrat und Dalton. Dies ist nur eine kleine Auswahl. Aber sie alle stehen für gehobene Qualität und vorzügliches Weinvergnügen.

Wie nun der koschere Wein den rituellen Speisegeboten der Kashrut Genüge tut, soll hier erklärt werden. Damit Wein als koscher gelten kann, muss er einige Voraussetzungen erfüllen:

- Die Trauben eines neuen Weinstocks dürfen erst im vierten Jahr nach der Anpflanzung zum Keltern verwendet werden.
- Der gesamte Weinberg muss alle sieben Jahre für ein Jahr brach liegen.
- Es dürfen keine anderen Früchte oder Kräuter zwischen den Reben wachsen.
- Zur Weinlese dürfen nur koschere Geräte und Lagerräume benutzt werden.
- Alle Fässer, Apparaturen und Behältnisse zur Weinaufbewahrung und -herstellung müssen äußerst gründlich gereinigt werden, um sicherzustellen, dass keinerlei Schmutz oder andere Fremdkörper mit dem Rebensaft in Kontakt geraten.
- Es dürfen nur jüdische Männer (niemals eine Frau), die den Sabbat beachten und nach jüdischem Gesetz leben, an der Weinherstellung mitwirken.

Ist der geneigte Weinkäufer ein streng orthodox lebender Jude, muss der Wein sogar pasteurisiert, das heißt kurzzeitig auf wenigsten 63 °C erhitzt worden sein, damit eventuelle Keime sicher abgetötet sind. Ein anderes Ritual, das symbolisch an die Abgabe des Zehnten Teils an den Tempel in Jerusalem erinnert, besteht aus der Vergießung von etwas mehr als einem Prozent der hergestellten Weinmenge. Heute sind alle Weine der großen Weinkellereien des Landes koscher, Weine aus kleinen oder privaten Kellereien dagegen oftmals nicht. Derjenige, der es als wichtig erachtet, nur koscheren Wein zu trinken, kann alle Informationen zu diesem Thema auf dem Flaschenetikett finden.

Einmal abgesehen von den auch hier lauernden Fallstricken gilt doch ganz gewiss das Motto des 104. Psalms für alle Weintrinker und Genießer, „dass der Wein erfreue des Menschen Herz".

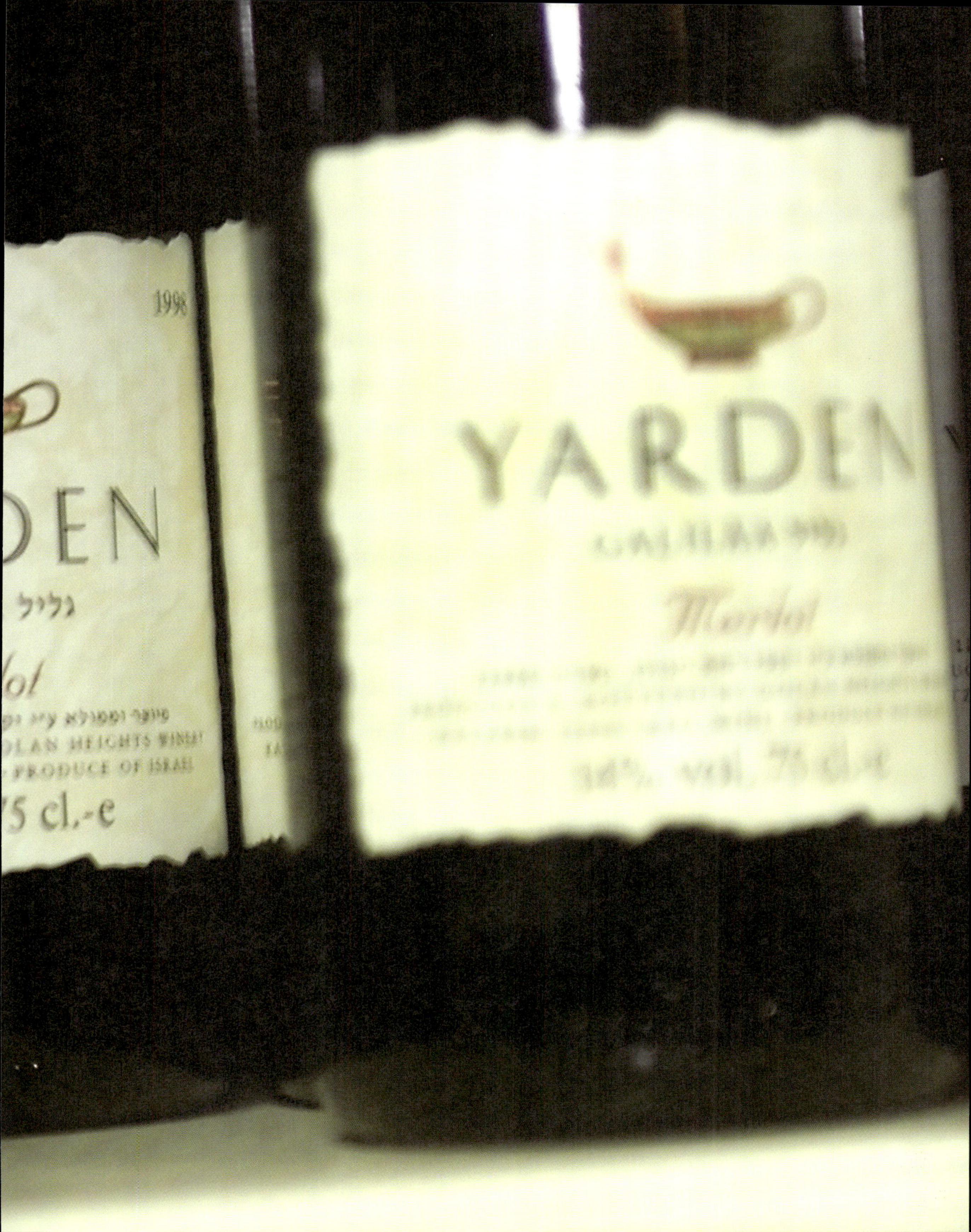
1998
PRODUCE OF ISRAEL
75 cl.-e
YARDEN

Glossar

Aspik
Gelee, fest mit Durchblick auf die Einschlüsse bei Pasteten oder Sülzen. Wird aus Fleischbouillon oder Fischsud, der mit Gelatine versetzt wird, hergestellt.

Backpflaumen
Getrocknete Pflaumen ohne Stein.

Balsamico-Essig
Balsamessig, wird aus dem Most süßer Trauben gewonnen. Der echte Balsamico wird oft jahrzehntelang in Holzfässern gelagert.

Brandteig
Für diesen Teig werden alle Zutaten so lange erhitzt, bis sie sich zu einem festen Kloß zusammenschließen.

Bouillon
Brühe, frisch erzeugt durch langes Kochen von Fleisch, Geflügel oder Gemüse.

Challa (helles Sabbatbrot)
Challa wird für den Sabbat und die großen Feiertage gebacken. Ein üppiges Weißbrot, das als Zopf oder als Brotlaib angeboten wird.

Chilipulver
Getrocknete, gemahlene Chilischoten. Durch das in ihnen enthaltene Capsaicin sind sie sehr scharf. Vorsichtig dosieren.

Crème fraîche
Crème fraîche ist ein Sauermilchprodukt aus pasteurisierter Milch oder Sahne.

Dillsamen
Dillsamen haben einen intensiveren und nachhaltigeren Geschmack als das Kraut. Dillsamen entwickeln sich im Herbst an den oberen Dolden.

Eichblattsalat
Nussig schmeckender Blattsalat mit eichblattgeformten Blättern.

Erpel
Männliche Ente. Hat eine größere Brust und mehr Muskelfleisch an den Schenkeln.

Farfel
Fester Teig der gerieben in die Suppe oder in den Eintopf kommt.

Fond
Grundbrühe, die aus Knochen, Gemüse- oder Frischfisch-Resten, die in Wasser ausgekocht werden, zubereitet wird.

Graupen
Entspelzte, geschliffene und polierte Gersten- und Weizenkörner, quellfähig und sättigend.

Ingwer
Wurzelstock der asiatischen Ingwerpflanze. Je größer die Wurzel, umso schärfer ist sie im Geschmack. Wird geschält, entweder gerieben oder in Scheiben geschnitten, verwendet.

Kalbsbries
Die Thymusdrüse (Milchdrüse) ist eine zarte Spezialität. Findet sich nur bei Kälbern. Bei ausgewachsenen Rindern entwickelt sich die Drüse zurück.

Kandiszucker
Besonders groß auskristallisierter, konzentrierter, reiner Zucker. Weiß ist er geschmacklos, braun schmeckt er nach Karamell.

Kapern

Kapern sind eine Strauchfrucht. Sie werden in Salzwasser oder Essig eingelegt. Kapern müssen bis zum endgültigen Verbrauch von der Lake bedeckt sein. Sie passen zu säuerlichen Soßen, Fischsalaten, Fleischspeisen und Kräuterquark. Die pikantesten und teuersten sind die Nonpareilles aus Südfrankreich. Sie sind klein, fest und rund.

Koriander

Frische junge Blätter schmecken gut im Salat oder im Gemüse. Der Samen wird gemahlen oder ganz angeboten. Er gehört zu den Brotgewürzen und ist Bestandteil von Würzmischungen.

Marinade

Marinaden aus Wein, Essig oder Fruchtsäften verleihen Fleisch, Fisch und Gemüse eine besondere Würze. Zusätzlich bleiben sie länger haltbar. Durch Zugabe von verschiedenen Gewürzen erreicht man wunderbare Aromen.

Maronen

Die Edelkastanie schmeckt geröstet, als Füllung von Geflügel oder Beilage zu Wildgerichten. Sie wird am stumpfen Ende eingeritzt und im Backofen geröstet. Maronen enthalten sehr viel Stärke, aber kein bindendes Gluten und wesentlich weniger Öl als andere Nüsse.

Mazze

Ungesäuertes Flachbrot ohne Salz und Hefe.

Meeräschen

Barschähnlicher Fisch. Er hat ein zartes, fettreiches Fleisch und liefert zusätzlich einen vorzüglichen Kaviar-Ersatz.

Olivenöl, nativ

Ein naturbelassenes, kaltgepresstes Olivenöl.

Paprikapulver

Ein kräftig rotes Gewürzpulver, das aus verschiedenen Sorten von Paprikaschoten hergestellt wird. Bekannt als Nationalgewürz Ungarns. Es wird zur Zubereitung von Gulasch, Soßen, Fleisch- und Hühnergerichten, Cremesuppen und Weichkäse verwendet.

Piment

Beeren der Pfeffermyrte und ein hervorragender Muskatersatz. Wegen seiner vielen Aromen auch Allgewürz genannt. Sein Duft erinnert an Zimt und Nelken.

Pitabrot

Rundes flaches Fladenbrot. Es lässt sich seitlich aufgeschnitten hervorragend füllen.

Risottoreis

Risottoreis nimmt bis zur 5-fachen Menge seines Gewichtes an Wasser auf und gibt während des Kochens Stärke ab, die den Körnern die typische Konsistenz verleiht. Arborio-Reis ist der bekannteste Risottoreis.

Rogen

Fischeier die noch von ihrem Häutchen umgeben sind.

Safran

Safran (eine Krokusart) ist das teuerste Gewürz der Welt. Für ein Pfund Safran müssen 100.000 Blütennaben gepflückt werden. Verwendung in der Küche findet er in der Bouillon, Bouillabaisse und in der Paella. Er verleiht Reisgerichten einen unglaublichen Duft und gibt den Gerichten eine sanfte gelbe Farbe.

Sardellen

Kleine, fette Heringe die in Salz- oder Öllake eingelegt werden, als Filet oder zusammen gerollt in kleinen Gläsern angeboten. Sie müssen vor der Verwendung gewässert werden.

Schichtkäse

Schichtkäse ist ein Frischkäse, der in Schichten geschöpft wird. Die einzelnen Schichten müssen einen unterschiedlichen Fettgehalt aufweisen.

Senfpulver

Senfpulver wird aus gemahlenen Senfkörnern hergestellt. Das bekannteste Senfpulver kommt von Colman's Mustard. Es wird kalt mit Bier, Essig, Portwein oder Weißwein angerührt.

Soßenspiegel

Für einen Soßenspiegel gibt man erst die Soße auf einen Teller und richtet dann darauf die Speise an.

Register

Lär

bei

DAS
RUSSISCHE
KOCHBUCH

PETRA KNORR

KOMET

Das
Spanische
Kochbuch

Fernando Garcia Lopez
Petra Knorr

KOMET

derküche

KOMET

DAS
ITALIENISCHE
KOCHBUCH

Rino De Masi

KOMET

DAS
CHINESISCHE
KOCHBUCH

KOMET